니니의 조지아 일 년 살기

∙∙∙

შეიყვარე საქართველო

조지아를 좋아하게 될 거예요

"내가 이 나라를 좋아할 수 있을까?"

낯선 나라 조지아와 사랑에 빠진
초보 해외 인턴 니니의 좌충우돌 일 년 살기

J & jj
제이앤제이제이

조지아를 좋아하게
될 거예요

| 만든 사람들 |

기획 인문·예술기획부 | **진행** 조아윤 | **집필** 니니 | **표지디자인** 원은영 · D.J.I books design studio
편집디자인 이기숙 · 디자인 숲

| 책 내용 문의 |

도서 내용에 대해 궁금한 사항이 있으시면
저자의 홈페이지나 J&jj 홈페이지의 게시판을 통해서 해결하실 수 있습니다.
제이앤제이제이 홈페이지 www.jnjj.co.kr
디지털북스 페이스북 www.facebook.com/ithinkbook
디지털북스 인스타그램 instagram.com/digitalbooks1999
디지털북스 유튜브 유튜브에서 [디지털북스] 검색
디지털북스 이메일 djibooks@naver.com
저자 이메일 gamarjoba907@gmail.com

| 각종 문의 |

영업관련 dji_digitalbooks@naver.com
기획관련 djibooks@naver.com
전화번호 (02) 447-3157~8

니니의 조지아 일 년 살기

. . .

შეიყვარე საქართველო

조지아를 좋아하게
될 거예요

작가의 말

커피가 아니라 와인이 유명한 나라, 조지아를 아시나요? 이 책은 조지아에서 일 년 동안 일하며 살았던 저의 생생한 이야기를 담은 책입니다. 조지아라는 나라를 처음 들어본 분들에게는 흥미로운 입문서가, 조지아로 여행을 가고 싶거나 오랫동안 살고 싶은 분들에게는 유용한 가이드북이, 조지아를 이미 다녀오신 분들에게는 깊은 향수를 불러일으키는 소중한 일기장이 될 수 있을 것입니다.

평생을 한국에서만 살다가 스물두 살 때 처음 친구 따라 해외여행을 가보고, 조지아가 나라 이름인지도 몰랐던, 조지아는 그저 미국의 한 주인 줄로만 알았던 저도 어찌어찌 무사히 살다 왔습니다. 아니, 그 어떤 날들보다 행복했고 조지아를 마음 깊이 사랑하게 되었습니다.

어떻게 하면 조지아의 이야기를 쉽고 재밌게 담을 수 있을지 고민했습니다. 이 책에는 제가 조지아에 가기로 결심한 이유부터 조지아에 살면서 여러 가지 시행착오를 겪었던 순간들과 점점 제 마음을 사로잡은 조지아의 매력을 정보와 함께 구성하였습니다.

사소하지만 결코 사소하지 않은, 예를 들어 〈먹고살려면 이것만 알고 가자, 조지아어 표현〉 등과 같이 조지아에서 거뜬히 살아낼 수 있는 다양한 꿀팁 또한 수록했습니다. 4장에 구성된 조지아의 이웃 나라 '아르메니아'와 '아제르바이잔' 이야기도 함께 읽어보신다면 트랜스코카서스 Transcaucasus 지역의 매력에 흠뻑 빠질 수 있을 거라고 생각합니다.

　이 책을 통해 독자님들이 조지아라는 나라에 한 발짝 다가갈 수 있기를, 더 나아가 조지아와 끈끈한 인연을 맺을 수 있기를 희망합니다.

목차

들어가며

나는 지금 조지아로 향하는 비행기 안에 있다. 나는 창가 자리에 앉아있고 내 옆으로는 좌석이 모두 비었으며 비행기 안은 모두가 침묵하듯이 참 고요하다. 다들 어느 목적지를 향해서, 어떤 연유로 이 비행기에 올라탔는지 무척 궁금하다. 조지아를 아시느냐고, 나는 지금 조지아라는 나라에 간다고, 그것도 일을 하러 가는 거라고, 설렘보다는 걱정이 앞선다고 말해주고 싶지만 주위를 둘러보니 모두 각자의 사색에 잠겨있을 뿐이다. 나 또한 이 차분한 분위기를 깨뜨리지 않고 침묵을 지키기를 택한다.

다시 창밖으로 시선을 돌려본다. 몸은 참 편하게 앉아있지만, 마음은 이리저리 요동쳐서 어쩔 줄 모르겠다. 밖에서는 하얀 눈발이 내 마음처럼 요리조리 휘날린다. 왜 조지아에서 일하겠다는 선택을 했을까. 여행도 아니고, 유학도 아니고, 그곳에서 일을 한다니. 왜 이 선택을 했는지 나조차도 잘 모르겠다.

그래도 나는 나를 믿어보기로 했다. 낯선 땅, 두려움, 한 치 앞도 모르는 미래 등 복잡한 생각이 나를 어지럽게 하지만 그래도 지금 비행기 안에 있지 않은가. 수도 없이 고민했다. 비행기 표를 예매하고 짐을 정리면서도 정말 가는 게 맞을까 하고 말이다. 슬픔과 기쁨, 걱정과 설렘이 교차하는 인천공항에서 '지금이라도 돌아서고 싶다면 돌아서도 된다.'라고 요동치는 마음이 자꾸 빼꼼 고개를 내밀었다. 그 마음을 어르고 달래주고 이제는 정말 비행기에 타버렸다. 되돌릴 수 없다! 그리고 결심했다. 일해보기로, 살아보기로.

어제 짐을 꾸리면서 가장 아끼는 후배 G와 긴 통화를 했다. 나는 항상 준비만 하고 어떤 결과가 나오는 날만 기다리느라 정작 나의 하루하루는 온전히 살아보지 못한 것 같다고. 준비하는 시간, 고민하는 하루들은 그냥 흘려보낸 시간 같다고. G가 그랬다. 후회하지 않을 시간을 보내고 오면 된다고.

마음을 다해 온전히 살기. 조지아에서 사는 동안 나의 목표이다.
그리고 이 말을 하는 날이 분명히 올 것이라 믿는다.
"살아보길 잘했어, 조지아."

✤

"정말 살아보길 잘했어, 조지아."
조지아로 향하는 비행기 안에서 몽롱하게 앉아있던 날이 엊그제 같은데 벌써 조지아에서 일 년을 살고 한국으로 돌아와 이 글을 쓰고 있다.

당시 조지아에 가기로 결심하며 세웠던 목표는 대단한 성취라기보다는 언젠가 조지아를 떠나는 날 살아보길 잘했다는 말을 꺼낼 수 있는 것, 그거였다. 정말 살아보길 잘했다. 나는 지금 조지아의 낯선 거리, 시끄러운 지하철 안, 꼬불꼬불한 조지아 글자, 집 앞의 공원이 보고 싶다. 정신없는 하루 속에서 문득 조지아 교회 앞에서 맞던 시원한 바람, 집 앞 마트 특유의 방향제 냄새 등이 떠오르면 내 시간은 온통 조지아에 대한 그리움으로 물든다.

이제야 조지아를 이해하게 되었는데, 아니 이제야 조지아를 제대로 사랑하려고 했는데, 달음박질치는 시간은 어느새 나를 다시 이곳 한국으로 데려다 놓았고 조지아는 길고도 짧았던 행복한 꿈같은 추억이 되었다. '선명한 기억보다 흐릿한 잉크가 더 오래간다.'라는 말이 있지 않던가. 머릿속에만 남아있던 그 기억, 하루하루가 여행 같았던 그 시간, 그리고 정열적이면서 소박한 사람들이 사는 나라 조지아에 관한 이야기를 이 책에 하나하나씩 꺼내 보려고 한다.

여행자의 설렘과 사는 사람의 일상 그 중간 어딘가에서 기쁨과 슬픔, 괴로움과 즐거움을 겪었던 이야기를 지금부터 함께해보자.

1

내가 이 나라를
좋아할 수 있을까?

조지아의 수도, 트빌리시의 풍경

처음 느낀 조지아의 공기는 낯설었다. 날씨는 흐리고 사람들은 어딘가 모르게 차가워 보이고 모든 게 경직되어 보였다. 조지아의 풍경은 내가 막연히 상상했던 모습과는 전혀 다른 느낌으로 다가왔다. '내가 이 나라를 좋아할 수 있을까?'라는 의문을 품으며 그렇게 새로운 발걸음을 내디뎠다.

왜 조지아였을까

조지아가… 어디지? 그, 그 커피?

"얘들아, 나 조지아로 일하러 가."

"아, 그 커피?"

"아니, 커피 아니고 와인의 나라야!"

조지아로 일하러 간다고 말했을 때, 대부분 친구들의 반응이었다.

"아니, 얘들아. 조지아는 커피가 아니라 와인이 유명한 나라이고, 튀르키예랑 러시아 사이에 위치하며 신이 선택한 땅으로 천혜의 자연과 경관을 자랑한대. 그뿐만 아니라…."

친구들에게 조지아라는 나라를 설명하려면 비트 빠른 랩을 연습해도 모자랄 정도였다. 그도 그럴 것이 많은 이들이 '조지아'라는 단어를 들으면 '커피'를 먼저 떠올리고, 그다음에는 미국의 한 주인 '조지아'를 생각하기 때문이다. 오히려 '그루지야'라고 말하면 아는 이들이 더 많다. 조지아에 대한 정보도 턱없이 부족하다. 조지아로 떠나기 전에 인터넷과 책을 샅샅

이 뒤져 정보를 모았지만, 잘 알려진 것이 없어 조지아가 정말 미지의 세계처럼 느껴졌다. 조지아에 대해 1%도 모르는 채로 일단 가서 살아보자고 결심하고 비행기에 올라탄 것이다.

그렇다면 나는 어떻게 조지아로 떠날 결심을 했을까? 왜 하필 조지아였을까? 일해볼 만큼, 살아볼 만큼 가치가 있는 나라라고 확신했을까?

튀르키예에서 교환학생으로 지낼 때였다. 그때 튀르키예인 룸메이트가 조지아 여행을 다녀와서 정말 좋으니 꼭 가보라고 말해준 적이 있다. 조지아? 그곳이 어디인지 찾아보니 튀르키예 옆에 붙어있는 작은 나라였다. 튀르키예에 살고 있었음에도 조지아가 튀르키예 옆에 붙어있는 나라인지 몰랐다. 늘 튀르키예의 서쪽으로 펼쳐진 유럽으로 여행을 떠나고 싶어만 했지 동쪽 나라에는 관심을 두지 않았다. 지금 생각해보면 룸메이트의 그 말 한마디가 조지아에 가게 된 이유의 시작점인 것 같다.

아니, 이런 나라도 있어? 내가 아는 그 커피가 유명한 나라가 맞나? 나는 내가 가진 모든 지식과 상상력을 동원해 조지아를 상상해봤다. 조지아에는 푸른 초원에서 가축을 기르며 살아가는 사람들만 살고 있을 것 같았다. 호기심은 차올랐지만, 당시에는 그저 막연한 두려움 때문에 조지아에 가보고 싶은 마음을 행동으로 옮기지 못했다.

교환학생을 마치고 귀국해 졸업반이 되어 동기들도 다 흩어지고 혼자 강의 듣고 혼자 학식 먹는 생활을 반복하며 어차피 평생 일하고 살 거라면 해외에서 일해보고 싶다는 생각이 계속 들었다. 아주 짧은 시간이라도 말이다. 그렇지만 너무 두려웠다. 내가 과연 해낼 수 있을까? 하는 걱정이 파도처럼 몰려들었다. 새로운 땅에 대한 두려움보다 그곳에서 내 시간을 허투루 쓰는 것은 아닐까 하는 걱정이 나를 더 괴롭혔다. 갑자기 생뚱맞게 그곳에 왜 가는 거냐고, 그게 무슨 도움이 되겠냐고 하는 말들이 들리는 것 같았다. 여유가 없었다. 시간이 없다는 조급함이 내 발목을 붙잡았다.

차분히 마음을 붙잡고 미래의 나라면 어떤 생각을 할까 상상해 보았다. 나중에 할머니가 되어서 지금을 생각해 본다면 저지른 일 보다 저지르지 않은 일을 후회할 것 같았다. 후회는 뒤를 돌아보게 만드니까. 지금이 아니면 이 기회는 다시 찾아올 것 같지 않았다.

그래도 결정은 어려웠다. 현실적인 선택을 해야만 했다. 세계가 그렇게 넓다는데 한 번 가보겠다는 마음만으로는 결정을 내릴 수 없었다. 나는 취업을 해야만 하는, 시행착오를 겪기보다는 가장 확실하고 안전한 선택을 해야 하는 마음이 아주 조급한 대한민국 취준생이었기 때문이다. 그래서 조금이라도 이력서를 채우는 데 도움이 될 수 있겠다 싶은 해외 인턴십을 찾았다. 먼저 내가 관심 있는 직무를 추렸다. 나라에 대한 선택은 그다음이었다. 영어는 자신이 없었기 때문에 영어권 나라는 제외했다. 그러다 보니 추려진 나라가 이집트, 아랍에미리트 그리고 조지아였다. 이집트에서는 피라미드를 볼 수 있겠고, 아랍에미리트에서는 으리으리한 건물들이 있겠지? 그런데 조지아는 어디야?

여러 국가를 써볼 수 있으면 좋으련만 한 국가만 지원할 수 있었다. 대박을 터트리든 쪽박을 차든 도전하며 사는 사람도 있겠지만 나는 늘 조금이라도 가능성이 있는 것에 투자하는 안전한 성향인가 보다. 그래서 조금이나마 경쟁률이 낮아 보이는 조지아로 지원서를 쓰게 되었다. 너무나 생소해서 어떤 이미지조차 그려지지 않는, 커피로 유명한 나라인 줄로만 알았던 그 조지아 말이다.

차마 지원 동기에 조지아가 경쟁률이 낮을 것 같아 지원했다고 쓸 수 없으니 어떻게든 이유를 찾아내는 것이 참 어려웠다. 그러다 보니 지원서 작성을 미루고 미뤄 결국 카페에서 날밤을 새우고 지원서를 제출했다. 며칠 뒤 어색한 정장을 입은 사람들 사이에서 나도 어색하고 어렵고 두려운 면접을 보았다. 그리고 합격을 축하한다는 메일이 도착했다.

살아보길 잘했어

아, 이건 정말 조지아에 가라는 운명인가? 마냥 기쁜 게 아니었다. 진짜 가는 게 맞나 하는 고민으로 괴로웠다. 빨리 떠날 준비를 해도 모자랄 시간에 고민과 고민으로 시간을 흘려보냈다. 후배 G와 함께 한강으로 바람을 쐬러 갔다. 그리고 이런 나의 고민을 털어놨다. G가 말했다. 갈까 말까에 대한 고민이 사실 가서 정말 잘 해내고 싶은데 완벽하지 않으면 어쩌지 걱정하는 거 아니냐고. 이미 답은 정해놓은 거 아니냐고 말이다. 그 말이 맞았다. 모든 고민을 뒤로하고 G의 말을 믿어보기로 했다. 만약 G가 나와 똑같은 고민을 하고 있다면 나도 가보라고 그냥 해보라고 질러보라고 말해주었을 것이기 때문에.

며칠이 지났을까, 때마침 TV에서 조지아를 소개하는 방송이 나왔다. 카메라는 조지아의 현대식 모습부터 옛날 모습 그대로 살아가는 사람들까지 다양한 장면을 보여주었다. 그중 산골 마을에서 살아가는 조지아 사람들의 환한 웃음을 보며 적잖은 충격을 받았다. 그들은 평온하고 행복해 보였다. 그들에게 인생이란 뭘까? 내가 그들의 삶을 이해할 수 있을까? 그들 또한 이런 나의 삶을 이해할 수 있을까? 주변이 모두 흐리게 처리가 된 것처럼 TV 화면에만 빨려 들어갔다. 그 앞에서 나는 한참 동안 생각에 잠겼다. 정말이지 세상에는 내가 몰랐던 사연들이 넘쳤다. 내 눈으로 보지 않으면 평생을 궁금해하기만 할 것만 같았다.

그리고서는 결심했다. 내가 궁금했던 조지아에 가겠다고. 그리고 조지아를 떠나는 날 꼭 "살아보길 잘했어."라는 말을 꺼낼 수 있게 나의 모든 시간을 다 써서 행복하게 살아보겠다고. "왜 조지아?"라고 다시 묻는다면, 내가 몰랐던 삶도 살아보고 싶었다고, 그들에게 인생은 무엇인지 묻고 싶었다고 대답할 것이다. 그 시간이 앞으로 내가 살아갈 시간을 더욱 풍성하게 해줄 거라고 확신했으니까.

시간은 어느덧 흘러 조지아로 떠나는 날이 되었다. 아직 해가 뜨지 않은 어두운 새벽, 아무것도 모르는 귀여운 얼굴을 한 우리 집 강아지를 몇 번이나 끌어안고 나서는 그렇게 서둘러 공항으로 향했다.

여긴 조지아 나는 누구

악 사카르트벨로 აქ საქართველოა 여기는 조지아

한국에서 10시간을 날아 폴란드 바르샤바^{Warsaw} 공항에 도착했다. 당시 조지아에 직항으로 갈 수 있는 비행기가 없었다. 면세점에서 젤리를 몇 개사고 설레는 마음으로 조지아로 향하는 비행기를 기다리는데 아니 잠깐, 여기저기 눈을 씻고 찾아봐도 동양인을 찾을 수가 없었다. 내가 정말 생소한 나라에 가는 걸까? 이 비행기 정말 조지아로 가는 거 맞겠지? 기분이 이상했다. 나도 자연스러운 척, 유럽에서 온 것처럼 보이는 이들과 함께 비행기에 올라탔다. 작지만 우렁찬 소리를 내는 비행기는 한겨울 칼바람을 뚫고 새벽 5시, 조지아 트빌리시 공항에 나를 데려다주었다. 내 몸집만 한 캐리어 하나와 작은 캐리어 하나, 그리고 배낭에 크로스백까지 부랴부랴 챙기고 주위를 둘러볼 여유도 없이 픽업을 나오기로 한 조지아 직원에게 연락하려고 하는데, 이게 무슨 일일까. 와이파이가 안 터진다! 처음부터 삐걱거린다. 조지아는 와이파이가 안 터지는 나라인가? 나를 못 찾으면 어떡하지? 걱정하며 출국 문을 나서는 순간 어머, 공항이 작아도 너무 작다. 한국의 고속 터미널만 한 작은 공항에서 키 크고 다부진

조지아 직원이 단번에 나를 알아보고 손을 흔들었다. 어리바리한 모습을 한 동양인이 나뿐이었으니 찾기는 쉬웠을 것이다. "안.뇽.하.세.요!" 서툴지만 또박또박한 발음으로 인사를 건네는 직원에게 비행기에서 연신 외웠던 "가마르조바 გამარჯობა!, Gamarjoba!, 안녕하세요!!"를 정통 한국식 발음으로 내뱉었다.

꼬불꼬불한 글자들, 한산하지만 들떠 있는 공항, 한국보다는 덜 춥지만 어딘지 모르게 더 어두워 보이는 날씨, 그리고 이국적인 노란 불빛이 나를 반겼다. 체격 좋은 조지아 직원은 무거운 짐을 후다닥 차에 싣더니 이제 집으로 가자고 한다. 바로 내가 살게 될 집으로 가는 것이다. 차를 타려고 문을 열었는데 내가 연 좌석에 떡하니 운전대가 자리 잡고 있었다. 알고 보니 그 차는 운전석이 오른쪽, 조수석이 왼쪽에 있는 일본 브랜드의 차였다. 조지아에는 이렇게 운전석이 오른쪽에 있는 차들과 왼쪽에 있는 차들이 동시에 거리를 누빈다는 직원의 설명을 들으며 아직 해가 뜨지 않은 어스름한 조지아의 새벽길을 쌩쌩 달렸다.

낯설고 차가운 그 길을 달려 어떤 외딴 2층짜리 주택에 도착했다. "이곳이 조지아구나."라는 실감을 하려고 집 밖을 나섰는데 세상에, 풍경이 정말 낡았다. 내가 이곳에 있다는 것을 말하지 않으면 아무도 나를 찾을 수 없는 곳에 덩그러니 남겨진 기분이었다. 조지아에 오기 전 인터넷에 조지아의 수도 '트빌리시Tbilisi'를 검색했을 때는 동화 같은 모습들만 나왔는데. 내 눈앞에는 낡고 오래된 회색빛 건물들이 그 자리를 지키고 있었다.

겨울이어서 그랬는지 날씨가 흐려서 그랬는지는 몰라도 내가 본 조지아의 처음 모습은 칙칙하고 어둑어둑했다. 다가가기 어렵게 느껴지는 오래된 건물들, 웃지 않는 것 같은 사람들, 내가 이방인이라는 걸 증명하는 듯 전혀 읽을 수 없는 외계어 같은 글씨들. 내가 이 나라를 좋아하게 될 수 있을까? 조지아가 어떤 곳인지 알아갈 시간이 필요했다. 조지아에서의 삶은 이렇게 어리둥절 시작됐다.

🔼 조지아에 오기 전 상상했던 트빌리시의 모습. 모든 풍경이 이렇게 동화 같을 줄 알았다.

🔼 처음 마주한 트빌리시의 모습. 아직 비행기에서 꿈을 꾸고 있는 건지 헷갈렸다.

🔼🔼 처음 맞이한 조지아의 밤거리. 밤이면 묵직하게 내려앉은 노란 불빛이 거리를 감싼다.

내 방은 넓은 주택 안에서도 가장 큰 방인 2층 방으로 결정됐다. 직원이 1층 작은 방과 2층 큰 방 중 마음에 드는 곳을 선택하라고 해서 고민도 없이 베란다가 딸린 2층 큰 방을 선택한 것이다. 나무 지붕이 세모나게 솟아있는 그 방은 어린 시절 상상했던 동화 속 다락방 같았다. 방과 연결된 베란다에 나가보니 어마어마하게 큰 성당이 노랗게 반짝이고 있었다. 여느 호텔 뷰 부럽지 않다는 생각이 들면서도 이 이국적인 성당이 내가 조지아 땅을 밟았음을 온몸으로 실감케 했다. 나중에 가서야 그 성당이 조지아에서 가장 큰 성당인 사메바 대성당성삼위일체 대성당, Holy Trinity Cathedral of Tbilisi이라는 것을 알게 됐다.

비행기에서 쪽잠을 잔 터라 한숨 푹 자고 일어나려고 했는데 냉기가 도는 큰 방이 낯선지 잠이 오지 않았다. 작은 소음도 들리지 않는 이른 아침, 부스럭거리며 옷장 정리부터 했다. 조지아의 겨울은 얼마나 추울까. 첫 출근날에는 무슨 옷을 입고 가야 할까. 앞으로 나에게 펼쳐질 하루하루에 대해서 단 하나도 예상되는 것이 없었다.

점심시간 즈음이 되자 나를 데려와 준 직원이 까르푸에 가자고 했다. 어렴풋한 어린 시절 추억이 있는 까르푸라니 반가운 마음이 들었다. 거울, 화장 솜 등 소소한 생활용품들을 사며 조지아 마트를 구경했다. 나는 방금 조지아에 도착했고 이곳이 처음이고 이 모든 것이 신기한데 이런 내 들뜬 마음이 그저 일상을 보내고 있는 그들 속에서 특별한 방법으로 발견될 리 없었다. 아무렇지 않은 척, 원래 그 마트에서 장을 보던 사람처럼 자연스럽게 내가 산 물건들을 계산하고 조지아 식당으로 향했다.

처음은 모든 게 의미 있다. 조지아의 식품 상품을 한국에 널리 알리겠다고 지원서를 써 내려가며 열심히 찾아본 조지아식 왕만두 힌깔리^{ხინკალი,} Khinkali와 맛이 정말 궁금했던 하짜뿌리^{ხაჭაპური,} Khachapuri, 그리고 조지아 와인이 함께했다. 낯설고 맛있고 어리바리하고 신기했다. 나를 위해 멋진 음식을 대접해준 고마운 직원을 생각하며 앞으로의 생활을 씩씩하게 잘 해내야겠다는 다짐을 했다. 조지아에서의 모든 순간을 진심으로 대하겠노 라고. 조금은 칙칙하고 조금은 차가운 이 분위기조차도 사랑스럽게 여기 겠다고 어떤 힘든 순간이 와도 이겨내 보겠노라고.

⬆ 처음 먹은 조지아 음식. 힌깔리는 만두보다는 두툼한 찐빵 같았고, 하짜뿌리는 치즈를 아낌없이 올린 피자 같았다.

처음 보는 조지아 친구들에게 SOS를 요청하다

다짐은 하루아침에 무너졌다. 혼자서 집으로 돌아오니 나밖에 없는 이 2층짜리 주택이 너무도 무섭게만 느껴졌다. 조지아어를 배우고 조지아 친구를 사귀고 조지아에서 일해나갈 걱정보다도 당장 내가 지내야 할 집이 무서웠다. 베란다 문만 열면 멋진 성당을 바라볼 수 있음에도 침대에서 1m 이상 걸어갈 엄두가 나질 않았다. 함께 인턴을 하게 될 동료는 두 달 뒤에 조지아로 올 예정이었기 때문에 이 넓은 주택에서 어쨌든 혼자 지내야만 했다. 부엌은 1층에 있었는데 1층으로 내려가는 게 무서워서 얼른 먹을거리만 챙겨서 2층으로 쏙 올라와 방에서 끼니를 때웠다. 무엇보다 제일 힘들었던 건 지하실로 내려가는 거였다. 가끔 온수장치가 말을 안 들어서 뜨거운 물을 사용하려면 지하로 내려가 온수장치를 만져야 했는데, 도저히 혼자 지하실로 내려갈 용기가 생기지 않았다. 터득한 방법은 전기포트로 물을 끓여서 고양이 세수를 하는 것. 집이 무서워서 고생할 거라는 상상은 전혀 하지 못했는데 앞으로의 조지아 생활이 막막하기만 했다.

천만다행인 것은 그 집이 조지아 K-Pop 팬들의 아지트처럼 사용되는 곳이라는 점이었다. 지하실 옆으로 K-Pop 팬들이 댄스 연습을 할 수 있는 작은 연습실이 마련되어 있었는데 K-Pop을 좋아하는 친구들이 이곳을 방문해 연습하곤 했다. 그들이 올 때마다 얼마나 반가웠는지 모른다. 누가 오는 인기척이라도 들리면 지하실로 내려가 반갑게 인사하고 댄스 연습도 구경하고 온수장치도 만질 수 있었다. 연습하러 오는 친구들마다 아껴둔 라면을 꺼내 대접했다. 좋아하는 불닭볶음면도 아끼지 않았다. 나와 같이 저녁을 먹자고 부탁할 때마다 함께해 준 친구들이 너무나 고마웠다. 처음 만난 조지아 친구들에게 아예 자고 가지 않겠느냐고 제안했는데 흔쾌히 OK를 받았다. 그렇게 무섭고 큰 방, 큰 침대에서 국적도 나이도 다른, 심지어 오늘 처음 만난 세 명이 한 이불을 덮고 나란히 잠을 청했다. 그 밤은 정말 마음 편히 푹 잔 밤이었다. 순탄하진 않지만 조지아에서의 삶도 조금씩 조금씩 익숙해지고 있었다.

그래서 조지아는 어떤 나라일까

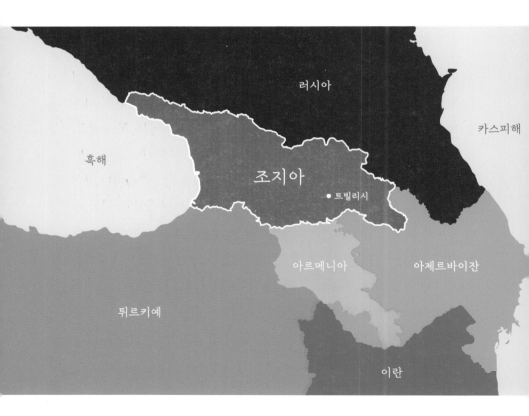

조지아
(Republic of Georiga · საქართველო)

인구	약 374만 명 PopulationPyramid.net(2022) 기준
면적	약 69,700km² 대한민국 면적의 약 3분의 2
언어	조지아어 ქართული ენა
종교	정교회, 이슬람교, 아르메니아 사도교회 등
수도	트빌리시 Tbilisi
주요도시	쿠타이시 Kutaisi, 바투미 Batumi, 고리 Gori 등
시차	한국 시간보다 5시간 느리다.
통화	라리 ლ, Lari, 테트리 თეთრი, Tetri(라리의 1/100)
1인당 GDP	USD 4,769.19 / 세계 89위 통계청 KOSIS(2019) 기준
비자	한국인 360일 무비자. 조지아인은 한국 방문 시 비자 필요.
기후	여름은 한국보다 덜 덥고 겨울은 한국보다 덜 춥다.
키워드	#포도 #크베브리와인 #천국의식탁 #천혜의자연

어쩌면 이름조차 처음 들어본 나라

조지아는 1991년 구소련으로부터 독립한 나라이다. 한국에는 '그루지야'로 많이 알려져 있으나 조지아는 러시아어 표현인 '그루지야^{Грузия}'가 아닌 영어 표현인 '조지아^{Georgia}'로 불리길 원한다. 조지아는 조지아어로 '사카르트벨로^{საქართველო, Sakartvelo}'라고 한다. 4백만 명이 채 안 되는, 그러니까 우리나라 인구의 10분의 1도 안 되는 조지아인들이 이 조지아어를 사용하며 소박하지만 풍요롭게 그리고 행복하게 살아간다.

조지아 하면 무엇이 떠오르는가? 많은 한국 사람들이 '커피'라고 대답할 것이다. 하지만 아쉽게도 그 커피는 조지아에서 팔고 있지 않다. 조지아는 커피가 아니라 세계 최초로 와인을 만들어 먹기 시작한 와인의 나라이다! 와인의 나라라고 하니 유럽 그 어딘가에 위치할 거라고 생각하기 쉽지만, 조지아는 유럽도 아시아도 아닌 그 중간쯤에 위치한 아름답고 특별한 나라이다. 지도를 함께 살펴보자. 위쪽으로는 러시아, 서쪽으로는 튀르키예, 남쪽으로는 아르메니아와 아제르바이잔과 국경을 접하고 있다. 조지아, 아르메니아, 아제르바이잔을 묶어 '코카서스 3국'이라고도 말한다. 코카서스는 인간에게 불을 가져다준 프로메테우스의 신화가 서린 곳이자 실크로드의 중심지이며 기독교, 조로아스터교, 이슬람교의 역사를 함께한 거룩한 땅이다. 조지아는 아르메니아, 로마 제국과 비슷한 시기에 기독교를 받아들였다. 조지아에 전파된 종교는 '정교회^{Orthodox}'인데, 조지아인들에게 정교회란 조지아를 지탱해 주는 영혼이자 일상에 녹아있는 삶 그 자체이다.

조지아를 구성하는 인종은 대부분 코카서스인이다. 한국 사람들에게 '튀르키예인'과 '러시아인'을 언급하면 머리에 흔히 그려지는 이미지가 있을 것이다. 하지만 '코카서스인'이라고 하면 감이 잘 안 온다. 나는 막연히 조지아 사람들이 튀르키예 사람들과 같은 외모를 가졌을 것이라고 상상했다. 조지아에 도착해 보니 나의 상상은 반은 맞고 반은 틀렸다. 조지아인들의 피부는 백색부터 갈색빛까지 다양하고 푸른빛, 녹색빛, 갈색빛 등 여러 가지 색의 아름다운 눈동자를 가졌다. 무엇보다 코카서스 혈통을 타고 내려온 아주 강인한 체격과 풍채가 눈에 띄었다. 내가 조지아 사람들에게 처음 느낀 인상은 정말 튼튼하고 힘이 셀 것 같다는 것이었다.

건장한 체격은 스포츠 분야에서 진가를 발휘한다. 일본을 무대로 활약한 조지아 출신 스모선수 토치노신 츠요시Tochinoshin Tsuyoshi*는 스포츠 마니아들 사이에서 그 인기가 아주 대단하다. 190cm가 넘는 큰 키와 우람한 몸을 가진 그는 일본이라는 낯선 땅에서 혹독한 연습과 노력으로 눈부신 성적을 거두며 국민 영웅의 자리를 꿰찼다. 고리Gori 지역의 한 와이너리를 방문했을 때 와인 창고에서 토치노신의 사진이 액자에 크게 걸려 있는 걸 보았다. 와이너리 주인 아저씨께서는 그의 열렬한 팬이라고 말씀하시며 그에 대한 칭찬을 아끼지 않았다.

조지아의 풍경도 궁금해질 것이다. 유럽 같은 느낌일까? 아시아 같은 느낌일까? 아니면 상상보다 더 색다른 곳일까? 나는 수도 트빌리시Tbilisi의 잘 꾸며진 거리에서 마치 동유럽 같이 단정한 분위기를 느꼈는데 거리 곳곳에 자리 잡은 조지아 특유의 교회들은 이곳이 조지아임을 확연히 드러내 보이고 있었다. 트빌리시에도 러시아에서 흔하게 볼 수 있는 양파형 돔

---

* 본명은 레반 고르가제(ლევან გორგაძე, Levan Gorgadze)이다.

이 있는 교회가 있는데 그 교회가 보일 때면 마치 러시아에 와 있는 것만 같았다. 프로메테우스의 신화가 서린 까즈베기Kazbegi로 향하는 도로는 사방이 온통 녹색의 푸르른 산으로 둘러싸여 있어 화질이 아주 좋은 TV로 자연 다큐멘터리를 보는 것 같았다. 여름의 도시인 바투미Batumi의 밤은 트빌리시보다 더욱 화려하게 반짝이고 흑해를 따라 펼쳐진 긴 바투미 수변 공원은 오로지 자유만이 존재하는 공간처럼 느껴졌다. 정교회의 시작을 함께한 도시인 므츠헤타Mtskheta로 가면 그 고요함과 차분함에 마음마저 숙연해졌고 사랑의 도시로 불리는 시그나기Sighnaghi로 가면 온통 빨간색 지붕을 덮은 집들이 도시를 더욱 로맨틱하게 연출했다.

조지아는 참으로 투박하고, 여유롭고, 가끔은 어디로 통통 튈지 모르는 매력이 넘치는 나라이다. 코카서스산맥이 보여주는 장엄한 자연과 빛나는 흑해, 그윽한 빵 냄새, 먹음직스러운 왕만두, 일상 속 늘 함께하는 와인은 여행자들의 오감을 만족시켜 주고 노란 조명이 가득한 밤거리, 때 묻지 않은 시골 마을, 작은 것에도 큰 행복을 느끼는 마음, 그리고 조지아인의 순수하고 호탕한 웃음은 우리가 조지아를 떠날 수 없도록 붙잡는다.

사랑해요 조지아, 사랑해요 대한민국

조지아는 한국인에게 참 우호적이다. 조지아는 한국인에게 360일 무비자 체류를 허용하고 문호를 활짝 개방하고 있다. 조지아 사람들은 한국의 기술력과 경제 성장 과정을 배우고 싶어 하고 한국 사람들은 조지아에서 와인 수출, 여행업 등 다양한 비즈니스를 개척하고 있다.

↑ 까즈베기로 향하는 푸른 길.

↑↑ 조지아 속 정교회의 발상지, 므츠헤타

사랑이 넘치는 도시, 시그나기

한류 물결이 이곳까지 닿았는지 젊은이들은 K-Pop에 어른들은 K-Drama에 열광한다. 조지아에 도착한 첫날부터 K-Pop 팬들을 만났는데 어떤 스타를 좋아하는지 물어보면서 금방 친해질 수 있었다. K-Pop 관련 선물을 가져오길 참 잘했다는 생각이 들었다.

일을 하며 K-Pop Dance Festival을 기획하고 운영할 기회도 찾아왔다. 트빌리시에서 개최된 이 대회는 한국인의 도움이 거의 필요 없을 만큼 조지아 K-Pop 팬들의 자발적이고 주체적인 활동으로 이뤄졌다. 그들은 대회 한 달 전부터 연습에 매진하며 무대 순서를 배정하고 무대에 맞는 의상과 메이크업, 소품, 음악을 직접 준비하는 등 대회를 위한 노력과 열정을 아끼지 않았다. 대회 현장에서 방탄소년단의 노래가 흘러나올 때 목이 터지라 열창하는 관중들의 함성은 머리부터 발끝까지 소름을 돋게 했다. 방탄소년단의 노랫말처럼 말 그대로 불타오르는 광경이었다. 그들이 K-Pop을 얼마나 좋아하고 즐기고 있는지, K-Pop으로 인해 얼마나 큰 행복을 느끼고 있는지 알게 된 순간인 동시에 한국인으로서 뿌듯함을 느끼는 순간이었다. 언젠가는 조지아에서 진짜 K-Pop 스타들이 무대를 펼치는 날도 상상해 보았다.

한국어에 대한 관심도 상당하다. 트빌리시의 자유대학교Free University 국제 관계International Relations 전공, 동아시아 지역Far East 프로그램 코스에는 한국어 수업이 개설되어 있고, 조지아-한국 간의 대학 교류 프로그램도 증가하고 있다. 트빌리시에는 한국어 학원도 활발하게 운영되고 있다. 내 주변에는 한국어를 수준급으로 구사하는 친구들이 많았으며 우연히 길에서 만난 사람들이 한국어로 말을 건네는 경우도 종종 있었다.

물론 많은 한국 사람들이 조지아가 어디에 있는 나라인지, 어떤 언어를 쓰고 어떤 생활을 하는지 잘 모르는 것처럼 한국이라는 나라가 어디 있는지조차 모르는 조지아 사람들이 훨씬 많다. 하지만 한국을 정말 좋아하는 조지아인들의 애정과 사랑은 그런 무관심을 느낄 틈도 없이 모두 덮어버릴 정도로 뜨거웠다.

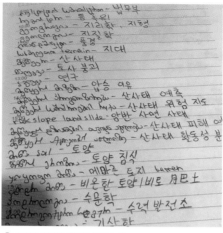

❶ 조지아 친구의 한국어 공부 노트.

조지아와 한국은 어딘가 모르게 많이 닮았다는 생각이 든다. 조지아와 한국 모두 주변국의 침략 속에서도 순고한 정신과 아름다운 전통을 꿋꿋이 지켜내 지금의 독특한 문화를 만들어냈기 때문이다. 가고 싶지만 갈 수 없는 곳이 있다는 것도 닮았다. 조지아에는 압하지야აფხაზეთი, Abkhazia와 남오세티야სამხრეთი ოსეთი, South Ossetia라는 미승인국이 존재한다. 조지아 친구에게 그곳에 갈 수 있냐고 물으니 한국인은 갈 수 있겠지만 조지아 사람은 가지 못한다며 가슴 아픈 이야기를 들려주었다. 구소련 해체 이후 압하지야와 남오세티야를 둘러싼 여러 차례 분쟁이 일어나고 여러 나라들이 개입하면서 두 지역은 쓰는 언어도 생활도 조지아와 많이 달라졌다고 한다. 하지만 조지아 사람들은 그곳 역시 조지아의 일부라고 말한다.

내가 좋아하는 조지아 노래 중에 Irma Araviashvili & Mariam

Cqvitinidze가 부른 '압하지 바르ავხაზი ვარ, Afxazi Var'라는 노래가 있다. '나는 압하지아 사람I am Abkhazian'이라는 제목을 가진 이 노래는 압하지야에 대한 그리움과 슬픔을 담고 있으며 '우리는 하나의 조지아ჩვენ ერთნი ვართ საქართველო'라고 말하고 있다. 구슬픈 가사와 멜로디가 심금을 울린다. 많은 이들이 꼭 들어보았으면 좋겠다.

그밖에 조지아 사람들과 한국 사람들 모두 승부욕이 강하고 불의를 보면 못 참는다는 것도 닮았다. 그리고 술과 음악을 사랑한다. 아니, 술은 조지아 사람들이 조금 더 많이 마시고 더 잘 마시는 것 같다. 정수기 통만 한 병에 담긴 와인을 마트에서 팔고 있으니 말은 다 했다.

조지아를 사랑할 수밖에 없는 10가지 이유

알아갈 시간이 필요해

쌀쌀한 겨울, 처음 조지아에 왔을 때는 마음이 쉽게 열리지 않았다. 집은 춥고 사람들은 무뚝뚝해 보이고 꼬불꼬불한 글씨는 낯설게만 느껴졌다. 내가 이 나라를 좋아할 수 있을지 전혀 예상되지 않았다.

그러다 내가 먼저 다가가야겠다고 마음먹었을 때 조지아를 더 이해할 수 있게 되었다. 점점 조지아의 매력을 발견하게 되었고 마음 깊숙이 사랑하게 되었다. 마음이 통하는 친구들이 생기고 좋아하는 조지아 음식과 와인이 생기고 좋아하는 장소에서 시간을 보내게 됐다. 조지아가 어떤 나라냐고 물어보면 신나서 설명을 할 수 있게 되었다. 그러니까 조지아는 궁금해서라도 살아보기 충분한 나라, 아니 더할 나위 없이 새롭고 특별한 나라라고 할 수 있다. 내가 조지아를 사랑할 수밖에 없는 이유 10가지를 소개해 본다.

첫 번째, 일상 속 늘 함께하는 와인

누군가가 '와인'에 대해 묻거든 '조지아'로 답해주자! 조지아는 무려 와인을 최초로 먹기 시작한 나라, 즉 '와인의 고향'이다. 와인의 'o'자도 몰랐던 나는 조지아의 진한 와인과 진한 사랑에 빠졌다. 크베브리ქვევრი, Kvevri라고 불리는 점토 항아리로 만든 조지아식 와인은 그동안 경험해 보지 못한 특별한 맛을 선사한다. 특히 좋아했던 와인은 깊은 풍미가 일품인 사페라비საფერავი, Saperavi 레드 와인. 사페라비는 조지아의 포도 품종 이름이기도 한데 조지아에서 가장 대중적으로 찾아볼 수 있는 와인이다. 조지아 사람들의 와인에 대한 자부심은 실로 대단하며 많은 여행객이 와인 투어를 위해 조지아를 방문한다. 그러니까 조지아는 '와인'이라는 단 하나의 이유만으로도 방문해 볼 만한 가치가 있는 나라이다.

🔻 가을날 고즈넉한 와이너리에서 마신 사페라비 와인 한 잔.

❶ 아짜룰리 하짜뿌리. 바다에서 타는 배 모양처럼 생겼다.

❶ 이메룰리 하짜뿌리. 고르곤졸라 피자처럼 생겼다.

두 번째, 빵순이에겐 더없이 좋은 나라

빵순이, 빵돌이라면 조지아에서 음식 걱정은 하지 않아도 되겠다. 조지아는 빵을 주식으로 먹는 나라인데 맛이 좋고 가격도 저렴하다. 조지아인들을 닮아서일까, 조지아 빵은 아기자기하기보다는 투박하고 쭉쭉 찢어 먹기 좋다. 길거리에는 몇 걸음마다 빵집이 즐비해 있는데 지나갈 때마다 고소한 빵 냄새가 우리 빵순이, 빵돌이들을 그냥 돌아갈 수 없게 붙잡는다. 제일 좋아했던 빵은 조지아식 치즈 피자인 하짜뿌리ხაჭაპური, Khachapuri. 드라이한 사페라비 와인과 곁들이면 세상에서 젤로 행복한 빵순이가 되는 기분이다.

세 번째, 조지아만의 천혜의 자연

장대한 자연이 어디 조지아에만 있겠느냐만, 조지아 자연만이 주는 때 묻지 않은 순수함은 나에게 더없이 큰 울림을 주었다. 굽이 굽이진 산 비탈길을 올라가 '게르게티 삼위일체 성당Gergeti Trinity Church'을 마주했을 때, 거룩함이라는 단어는 이럴 때 쓰는 말이라는 생각을 했다. 익어가는 포도가 주렁주렁 열린 포도밭 사이를 달리며 감상에 젖던 순간에는 어느 로맨스 영화 속 주인공도 부럽지 않았다. 친구네 시골집에 놀러 가 졸지에 동네 소들과 함께 계곡에서 물놀이했던 기억도 소중한 추억이 되었다. 이처럼 조지아는 가끔은 '와!' 하는 감탄이 쏟아지는 거대한 자연을, 가끔은 마음이 '포근포근' 따뜻해지는 소박한 자연을 느껴볼 수 있는 나라이다.

🔴 거룩한 게르게티 삼위일체 성당.

네 번째, 이국적이고 신비로운 풍경

조지아에서의 하루하루가 늘 여행 같았던 건 바로 조지아의 이국적인 풍경 덕분일 것이다. 왠지 한국과 비슷한 분위기일 것 같은 나라는 가지 않겠다며 고집을 부렸던 나인데, 이런 나의 취향을 200% 충족하는 곳이 바로 조지아이다. 대문 밖을 빠져나가자마자 보이는 꼬부랑글씨부터 고즈 넉이 자리 잡은 교회들, 햇병아리같이 귀여운 노란색 미니버스까지…. 조지 아인들에게는 일상인 것들이었지만 나에게는 이 모든 것들이 신기하게만 느 껴졌다. 조지아가 내게 더욱더 매력적으로 느껴진 이유는 이런 신비로움 때 문이 아닐까?

🔼 트빌리시의 어느 동네 미용실.

다섯 번째, 특별한 주변 국가로의 여행

특별한 주변 국가로의 여행을 꿈꾼다면 조지아만 한 나라도 없을 것이다. 조지아도 충분히 생소한 나라이지만, 조지아 주변으로는 더 생소하고 이국적인 나라들이 존재한다. 게다가 비행기가 아닌 자동차나 기차 혹은 걸어서 다른 나라의 땅을 밟을 수 있다. 조지아는 튀르키예, 러시아, 아제르바이잔, 아르메니아와 국경을 접하고 있다. 튀르키예와 아제르바이잔은 이슬람 문화권의 나라이고 아르메니아는 기독교의 발상지이다. 순례지를 따라, 혹은 실크로드를 따라 여행하고 싶은 이들에게 조지아는 더할 나위 없이 좋은 시작점이 될 것이다.

🔵 아르메니아의 게하르트 수도원(Geghard Monastery).

여섯 번째, 쾌적한 날씨

 어딘가에서 살아 보겠노라면 날씨를 고려하지 않을 수가 없다. 수도 트빌리시Tbilisi에서 일 년 동안 지내며 느낀 조지아의 날씨는 한국보다 조금 덜 덥고, 조금 덜 춥다는 것이다. 특히 여름에 습하지 않기 때문에 그늘만 잘 찾는다면 한여름에도 벤치에 앉아 시간을 보낼 수 있다. 한국에 대단한 한파가 왔다는 소식이 들려왔을 때쯤 나는 롱패딩 없이도 조지아의 겨울을 쌩쌩하게 견딜 수 있었다. 다만 겨울에는 한국보다 해가 더 일찍 지기 때문에 겨울이 조금은 더 길게 느껴질 수 있을 것이다. 포도가 익어가는 가을에는 아침마다 푸른 하늘을 담아보겠다며 연신 카메라 셔터를 눌렀는데, 그만큼 봐도 봐도 또 보고 싶은 예쁜 하늘을 만나볼 수 있다.

🔵 트빌리시 루스타벨리(Rustaveli) 거리의 가을 하늘.

일곱 번째, 언어에 대한 자신감 상승

조지아어, 정말 어렵다. 알파벳을 다 외우는 데에만 한 달도 넘게 걸렸으니 말이다. 그래도 나는 꼭 조지아어를 배워보기를 추천한다. 언어에 대한 자신감이 상승해 삶의 다방면(?)에서 도움이 될 것이라고 믿어 의심치 않기 때문이다! 마치 상형 문자 같은 조지아 알파벳을 외우다 보면 다른 언어는 눈 감고도 외울 수 있을 것만 같다. 어렵게 외운 단어 하나를 어떻게든 기억했다가 대화할 때 써본다면 무수한 칭찬도 받을 수 있다. 평생을 어려워했던 영어마저 쉬워지는 일석삼조의 효과. 조지아에서는 마음만 먹으면 러시아어도 쉽게 접할 수 있으니 언어에 관심이 많은 사람이라면 자기계발하기 딱 좋은 시간이 될 것이다.

⬆ 조지아 알파벳이 그려진 티셔츠.

여덟 번째, 한국인은 360일 무비자

조지아는 한국에게 우호적인 국가이다. 한국인이라면 조지아에 비자 없이, 그것도 360일을 머무를 수 있다. 조지아라는 나라가 워낙 생소하다 보니 입국 심사에서 괜히 긴장했었는데, 별다른 질문 없이 조지아 땅을 밟을 수 있었다. 그렇다 보니 많은 한국 여행자들에게 조지아가 여행하기 좋은 국가로 떠오르고 있다. 한국의 맛이 그립다면 트빌리시의 한식집을 찾아 언제든지 그리웠던 음식으로 뱃속을 달랠 수 있다. 장기간 특별한 나라에 머물고 싶다면 혹은 은퇴 후 인생 제2막을 보낼 나라를 찾고 있다면 두근두근 조지아로 떠나보자.

⬆ 아제르바이잔에서 조지아로 넘어가는 라고데키(Lagodekhi) 국경.

아홉 번째, K-Culture를 사랑하는 사람들

한국에서는 TV와 각종 미디어가 연일 한류 열풍을 보도해도 그 뜨거운 열기가 직접 와닿지 않았다. 그런데 조지아에서는 달랐다. 조지아 친구들이 내가 모르는 한국 예능을 보고 나에게 그 이야기를 들려준다. 나도 모르는 한국 노래를 흥얼거리기도 한다! 이렇게 K-Culture에 관심이 많은 친구들과 자연스럽게 이야기를 나누고 친해질 수 있었다. 내 주변으로는 한국어를 배우려는 친구들이 많았는데, 한국어를 아주 유창하게 구사하는 친구들도 있었다. 조지아에 가기 전 요즘 잘나가는 아이돌 이름을 외워간다면 그 아이돌 못지않은(?) 인기를 누릴 수도 있을 것이다.

⬆ 트빌리시에서 발견한 한국어.

열 번째, 무궁무진한 기회

　한류를 좋아하는 조지아인들이 많으니 그만큼 한국 관련 제품도 인기가 높아지고 있다. 트빌리시의 대형 쇼핑몰에 가면 한국 화장품을 찾을 수 있는데, 그곳에는 늘 사람들이 바글바글했다. 나는 금손은 아니지만 가끔씩 조지아 친구들에게 한국식 메이크업을 해주었는데 그때마다 반응이 매우 뜨거웠다. 나도 몰랐던 재능을 찾은 것만 같았다. 반대로 조지아의 향기를 담은 와인도 한국에서 조금씩 알려지고 있다. 한국으로 돌아와 조지아 친구와 함께 서울 연남동에서 하짜뿌리와 조지아 와인을 즐기기도 했다. 조지아와 한국을 이어줄 가교가 무엇일지 생각하며 무궁무진한 기회를 찾아보는 것도 좋겠다.

⬆ 친구들과 많은 꿈을 공유했던 트빌리시의 멋진 카페.

❧ 무엇을 챙겨갈까 ❧

조지아에 오랫동안 살 계획을 꿈꾸고 있다면 한국에서 무엇을 챙겨가는 게 좋을지 고민하게 될 것이다. 조지아에도 있을 것은 다 있으니 생필품이나 옷 등은 많이 챙겨가지 않아도 괜찮다. 그 외 내가 챙겨가서 유용하게 썼던 것들과 챙겨가면 더 좋았을 텐데 하며 아쉬움이 남았던 것들을 소개해본다.

1. 카메라

조지아로 향하기 전 미러리스 카메라를 구매했다. 카메라를 산 것은 탁월한 결정이었다. 이 카메라로 조지아의 멋진 풍경을 더 생생하게 담을 수 있었기 때문이다. 계속해서 화질이 좋은 스마트폰이 나오고 있지만 좀 더 전문적으로 사진을 찍을 수 있는 카메라를 가져간다면 정말 좋은 선택이 될 것이다.

2. K-Pop 관련 선물 및 한국 음식들

조지아에서의 한류 열풍은 대단하다. 특히 한국에 관심이 많은 조지아인에게 K-Pop 관련 물건(CD, 브로마이드, 굿즈 등)을 선물한다면 최고의 인기를 누릴 수 있을 것이다. 유명 아이돌의 이름까지 외워간다면 더 열렬히 환호해 줄 것이다.

한국 화장품, 라면, 소주, 젓가락, 손거울, 커피믹스, 한글이 쓰여있는 제품이나 한국 캐릭터가 들어간 제품도 좋은 선물이 될 것이다. 화장품을 많이 사 가야 하나 궁금한 분들도 많을 것이다. 나는 주로 대형마트에서 러시아산 화장품을 사서 썼는데 가격이 저렴하지 않았지만 품질이 좋아 잘 사용했다. 트빌리시의 갤러리아 몰^{Galleria Mall}에 위치한 미니소^{MINISO}에 서는 한국 화장품을 구매할 수 있고 이 쇼핑몰에 해외 유명 뷰티 브랜드도 많이 입점해있으니 이 부분은 걱정하지 않아도 된다.

한국 음식은 얼마나 챙겨가야 할까? 고추장, 된장, 카레, 국 블록 등 두고두고 먹을 수 있는 재료들과 라면을 가져간다면 한식에 대한 그리움을 달랠 수 있을 것이다. 다행히도 트빌리시에는 한식당이 몇 군데 있다. 마트에서 한국식 쌀도 판매하고 있으니 밥도 지어 먹으면 된다. 참고로 전기밥솥은 판매하고 있지 않기 때문에 여유가 된다면 미니 밥솥을 챙겨도 좋다. 조지아 친구들을 초대해서 한국 음식을 대접한다면 정말 좋은 추억이 될 것이니 넉넉히 챙겨오는 것도 좋겠다.

3. 스카프

조지아의 종교적인 장소를 방문할 때 여성들은 스카프가 필요하다. 스카프를 갖춰놓는 곳이 대부분인데 그래도 개인 스카프를 소지하면 유용하게 사용할 수 있을 것이다.

4. 인스턴트 커피 스틱

조지아에서도 마트의 인스턴트 커피 판매대가 큰 면적을 차지할 정도로 다양한 브랜드가 있고 번화가를 중심으로 커피 전문점이 증가하고 있다. 하지만 분명 한국 커피가 그리워질 것이다. 특히 아이스 커피가 한국보다는 대중적이지 않아서 아이스 아메리카노나 아이스 라떼를 사랑한다면 한국에서 인스턴트 커피 스틱을 넉넉히 챙겨오면 좋겠다.

5. 핸드폰 액정필름

조지아에서 핸드폰 액정필름을 구하기 어려웠는데 가격도 비쌌다. 액정필름을 여러 장 준비해 가서 필요할 때 사용해 보자.

❧ 무엇을 공부할까 ❧

1. 와인

나는 드라이와인이 무엇을 뜻하는지 모를 정도로 와인에 대해 문외한이었다. 와인의 나라에 가는 만큼 와인 관련 용어와 와인 제조 방법 등을 공부해 가면 조지아 와인을 더욱 풍요롭게 즐길 수 있을 것이다.

2. 종교의 역사

조지아에 오기 전 나는 조지아가 튀르키예 옆에 붙어있으니 조지아의 모습도 튀르키예와 비슷할 것이라고 막연히 상상했다. 하지만 조지아의 모습은 튀르키예와 전혀 달랐다. 이슬람을 빼놓고 튀르키예를 설명하기 어렵듯이 정교회를 빼놓고는 조지아를 설명할 수 있는 길이 없다. 조지아는 기독교 역사의 시작을 함께했을 뿐만 아니라 서로 다른 종교를 가진 나라에 둘러싸여 있는 나라이다. 그런 만큼 정교회, 이슬람교, 조로아스터교 등 종교와 관련해 공부해온다면 조지아와 그 주변 국가의 관계를 훨씬 더 깊게 이해할 수 있을 것이다.

3. 구소련의 역사 및 관련 인물들

이오시프 스탈린, 블라디미르 레닌, 니키타 흐루쇼프 등 교과서에서만 배우고 잊고 살았던 인물들이다. 스탈린은 조지아 출신 인물이다. 조지아가 구소련으로부터 독립한 나라인 만큼 그 역사적 배경을 이해하고 조지아를 바라본다면 더욱더 깊은 눈으로 조지아의 문화, 경제, 생활 등을 이해할 수 있을 것이다.

❧ 사진으로 미리 보는 조지아 ❧

1. 필름카메라를 닮은 조지아

어쩌면 필름 카메라에 담긴 모습이 조지아의 진짜 모습과 더 닮았을지도 모른다. 낡고 투박하고 거친 모습 속에 부드럽고 따뜻한 온기를 간직한 모습, 그게 바로 조지아라는 생각이 들었다.

'내가 이 나라를 좋아할 수 있을까?'에 대한 물음이 무색하게 이 나라를 좋아하는 이유는 점점 늘어갔다. 왜 한국처럼 빠르지 않냐고, 왜 지하철에서 통화가 안 되냐고 불평하지 않았다. 나는 조지아의 삶 안으로 스며들어 행복을 찾기 시작했다.

⬆ 늦은 저녁, 지하철 환승역.

⬆ 지하철 기다리는 사람들.

2. 조지아의 온도 차

　조지아의 길거리는 분명 온도 차가 있다. 같은 거리라도 낮에 보는 모습과 밤에 보는 모습은 사뭇 다르다. 주변의 모든 게 옛것같이 보이다가도 갑자기 현대식으로 무장한 것들이 불쑥 나타나 반겨준다. 특히 건물의 외관은 오래되어 낡았지만 내부는 깨끗하고 아름답게 꾸며놓은 곳이 참 많다.

🔽 오래된 아파트와 그 뒤로 높이 솟은 곡선 형태의 현대식 빌딩이 대비된다.

⬆️ 2월의 오후 3시, 마르자니쉬빌리 지하철역 근처 번화가. 깨끗하고 밝다.
⬆️⬆️ 3월의 저녁 8시, 마르자니쉬빌리 지하철역 근처 골목길. 노란 불빛이 가득하다.

⬆ 낡은 건물이지만 고급스러운 카페. 빨간문이 인상깊다.
⬆ ⬆ 카페 내부는 깨끗하고 잘 꾸며져 있다. 오래된 소품들이 멋지다.

2

조지아는
이런 나라구나

조지아를 알고 싶다면 조지아 와인, 조지아어, 그리고 정교회 이 세 가지를 기억해 보자. 평생 경험해 보지 못했던 조지아의 호박색 크베브리 와인, 동글동글한 곡선이 특징인 조지아어, 그리고 내 마음마저 경건해지는 그들의 신실한 믿음을 마주하고 나니 잊고 살았던 세상에 대한 호기심이 꿈틀꿈틀 피어올랐다.

항아리에 담가 먹는 조지아 와인

와인의 고향, 조지아

세상에서 와인을 최초로 만들어 먹기 시작한 나라는 어디일까? 프랑스? 이탈리아? 아니면 칠레? 정답은 바로 '조지아'다! 조지아는 지금으로부터 약 8천 년 전 '크베브리ქვევრი, Kvevri'라고 불리는 흙으로 만든 항아리에 와인을 만들어 먹기 시작한 나라이다. 조지아 지역의 토기에서 와인을 만들어 먹었던 흔적이 발견되었는데 오늘날 '와인Wine'의 용어가 조지아어로 와인을 뜻하는 '그비노ღვინო, Ghvino'에서 유래되었다는 설이 전해 내려온다.

조지아에서는 일상에 와인이 늘 함께한다. 오죽하면 '물보다 와인에 빠져 죽는 사람이 더 많다.ღვინოში მეტი ხალხი იხრჩობა, ვიდრე წყალში.'는 말이 있을 정도이다. "가우마르조스გაუმარჯოს, Gaumarjos, 건배!" 한 마디면 조지아 사람들과 금세 오래된 친구같은 사이가 될 수 있다. 한국 사람들 역시 술을 좋아하고 즐기는 민족이지만 조지아인들의 술 사랑과 주량은 결코 따라갈 수 없을 것 같다.

조지아에는 와인과 관련된 재밌는 전설이 있다. 신이 이 세계를 창조하고 각 민족에게 땅을 나눠주기 위해 모든 인종을 불러 모았는데 그때 조지아인이 가장 늦게 도착했다고 한다. 그 이유를 물으니 모든 조지아 사람들이 신을 위해 축배를 하며 와인을 마시느라 늦었으니 자비를 베풀어달라고 했다는 것이다. 신은 그 이야기를 듣고 어쩔 수 없이 가장 마지막 땅으로 아껴놓았던 땅을 조지아인에게 주었다고 한다. 조지아인들이 얼마나 와인을 사랑하는지, 그리고 그들이 살아가는 터전을 얼마나 아끼고 자랑스러워하는지 알 수 있는 재밌는 이야기이다.

조지아 사람들에게 포도와 포도나무 그리고 와인은 조지아를 대표하는 상징이자 없어서는 안 될 소중한 존재이다. 조지아에는 포도 및 와인에 대한 용어가 아주 다양하다. 와인을 생산할 때도 포도 재배, 크베브리 제작,

🔼 고리 지역 근처에 위치한 와이너리. '조지아는 와인의 고향'이라고 적혀있다.

와인 생산, 판매 및 관리 등 프로세스마다 세분된 전문가들이 존재한다. 또한, 조지아의 십자가는 '포도나무 십자가^{Grapevine Cross}'로 상징될 만큼 그 의미가 크며 크베브리 와인은 종교 행사와 의식에서도 사용된다. 결혼식과 같은 큰 행사에서는 모든 손님들이 마시고 즐길 수 있게 크베브리 와인을 성대하게 준비한다.

조지아 와인의 특별함, 크베브리 와인

한국에서 매년 배추 수확 철에 맞춰 김장하는 것처럼 조지아에서는 매년 포도 수확 철이면 온 가족이 모여 한 해 마실 와인을 담근다. 따사로운 햇볕을 받고 자란 조지아 포도는 이루 말할 수 없을 정도로 싱그럽다.

🔼 통통한 크베브리. 조지아인들은 크베브리가 조지아 남자의 통통한 배를 닮았다고 말한다.

조지아 와인의 가장 특별한 점은 바로 와인을 담그는 항아리에 있다. 조지아인들은 '크베브리'라고 불리는 항아리에 와인을 담가 먹는다. 우리가 장독대에 김치를 담가 먹는 것과 매우 비슷하다. 어쩌면 한국에서의 김치가 조지아에서는 와인이라고 할 수 있겠다.

조지아에는 크베브리를 전문적으로 만드는 장인들이 있다. 크베브리는 섬세하게 만들지 않으면 균열이 나기 때문에 만들기 굉장히 어렵다고 한다. 크기는 천차만별인데 20리터 정도 되는 크기부터 성인이 몇 명 들어가고도 남을 큰 크베브리도 있다. 지역마다 크베브리를 만드는 법도 다른데 표면에 찰흙을 덕지덕지 발라서 예쁘지 않은 크베브리도 있으며 조지아 동쪽보다 서쪽의 크베브리가 훨씬 예쁘다고 한다. 흙으로 만든 크베브리의 안쪽은 찰라미წალამი, Tsalami라고 부르는 포도나무 가지 장작에 불을 붙여 한 번 지지고 난 뒤 밀랍을 얇게 발라 와인이 밖으로 새어 나가지 못하게 한다.

🔺 포도나무 가지 찰라미. 마트에서도 찰라미를 판매한다.

크베브리 와인을 만들 때 조지아의 포도는 버릴 것이 하나도 없다. 포도의 알맹이만이 와인이 되는 것이 아니라 포도 껍질, 포도 씨, 포도 줄기, 그리고 때에 따라 포도나무 잎까지 와인의 재료가 된다. 조지아 친구는 옛날 사람들이 와인을 만들 때 귀찮아서 포도를 한꺼번에 다 넣은 것이 아니냐는 농담을 건넸다.

한국에서 지역마다 김치 맛이 다르듯 조지아에서도 지역마다 와인 맛이 다르다. 지역마다 특화된 포도 품종이 있는데 조지아 토착 포도 품종만 해도 500가지가 넘는다. 가장 잘 알려진 레드와인 포도 품종에는 사페라비Saperavi가 화이트와인 품종에는 르카찌텔리Rkatsiteli와 찌난달리Tsinandali가 있다. 조지아의 카베르네 소비뇽은 '사페라비', 샤르도네는 '르카찌텔리'라고 생각하면 이해가 쉬울 것이다. 그밖에 발음하기 정말 어려운 포도 품종들이 있는데, 치츠카Tsitska, 키크비Khikhvi, 므쯔바네Mtsvane, 흐반쯔까라Khvanchkara 등이 그러하다. 조지아인들은 손님을 집에 초대하면 환대의 의미로 홈메이드 크베브리 와인을 대접한다. 현대식으로 대량 생산된 와인만 마셔본 내게 홈메이드 조지아 와인은 평생 경험해 보지 못한 특별한 맛을 선사해주었다.

🔼 치누리(Chinuri) 또는 치네불리(Chinebuli)라고 불리는 조지아의 청포도 품종.

🔼 사페라비 레드와인과 찌난달리 화이트와인.

　'고대 조지아의 전통 크베브리 와인 양조법^{Ancient Georgian traditional Kvevri} wine-making method'은 그 중요성을 인정받아 2013년, 유네스코 무형 문화 유산으로 등재되었다. 전통 양조법은 다음과 같다. 먼저 갓 수확한 포도 를 사츠나켈리^{საწნახელი, Satsnakheli}라고 불리는 압축기에 통째로 넣고 사람 이 그 속에 들어가 포도를 열심히 밟아서 포도즙과 짜짜^{ჭაჭა, Chacha, 포도 껍} _{질과 줄기, 씨 등의 건더기}를 분리한다. 그다음에 포도즙과 짜짜를 모두 크베브리 안에 담고 약 2주 정도 발효시킨다. 이후 크베브리를 밀봉하는데, 이때 짜 짜는 바닥으로 가라앉고 포도즙만 위로 올라오게 된다. 크베브리가 묻힌 땅속의 낮은 온도는 와인을 숙성하고 보관하는 데 최적인 상태로 만들어 준다. 그러고 나서는 기간에 따라 적절하게 숙성된 와인을 꺼내 잔에 담고 사랑하는 사람들과 함께 즐기면 된다. 조지아 와인이 담긴 잔을 번쩍 들고 서는 이렇게 외쳐보자. "가우마르조스!"

땅속에 묻힌
크베브리

사츠나켈리

크베브리

🔼 와인을 저장하는 곳인 마라니(მარანი, Marani).

🔼🔼 마트에서 파는 크베브리 화이트와인. 호박색의 진하기가 다르다.

🔼🔼🔼 크베브리 와인 용량이 어마어마하다. 이처럼 와인은 물처럼 흔하다.

크베브리 화이트와인은 청포도로 담갔지만 짜짜를 함께 넣어 발효시켰으므로 호박색Amber을 띠고 있다. 조지아인들은 이렇게 호박색을 띠고 있는 와인을 자연스럽게 화이트와인이라고 부른다. 호박색 크베브리 와인은 거칠고 투박한 매력을 가지고 있다.

크베브리 와인을 담그는 것만큼이나 중요한 건 바로 크베브리를 깨끗하게 닦는 것이다. 세척을 얼마큼 잘하냐에 따라 와인의 맛과 품질이 달라지기 때문이다. 그래서 조지아에는 예로부터 크베브리를 세척하는 도구도 함께 발달했다. 웬만한 성인 한 명이 들어가도 남을 크기의 크베브리 안에 들어가 청소를 하다 보면 크베브리에 남아있는 진한 와인 향으로 취해버린다는 이야기도 있다.

❶ 크베브리를 세척하는 도구들.

🔹 빗자루와 지팡이처럼 생긴 이 도구들로 크베브리 안을 박박 닦는다.

조지아에는 '만찬'을 뜻하는 '수프라ᲡᲣᲤᲠᲐ, Supra'라는 문화가 있다. 수프라에서는 모든 구성원이 맛있는 음식과 신선한 술 그리고 흥겨운 춤과 노래를 함께하며 마음을 나눈다. 이 자리에는 수프라의 리더라고도 할 수 있는 '타마다ᲗᲐᲛᲐᲓᲐ, Tamada'라는 구성원이 있다. 타마다는 끊임없이 수다의 장을 펼치고 건배를 제의하며 분위기를 무르익게 만든다. 특별한 술잔인 '깐치ᲧᲐᲜᲬᲘ, Kantsi'도 수프라에서 빼놓을 수 없는 아이템이다. 양이나 염소 등 동물의 뿔로 만든 반달 모양의 잔인데 깐치에 담아서 주는 술은 꼭 한 번에 다 마셔야 한다. 깐치에 담긴 술을 마시지 않고 바닥에 내려놓으면 그 독특한 모양 때문에 술이 다 흘러버리기 때문이다.

↑ ↓ 거대한 깐치 그리고 타마다 동상. 동상이 반달 모양의 깐치를 들고 있다.

와인, 나를 울고 웃게 만들다

한창 포도 수확으로 바쁜 계절인 9월, 조지아 와이너리 조사를 위해 이 곳저곳을 방문하며 진한 크베브리 와인과 갓 추출한 맥주를 연거푸 들이 켜다 그만 응급실에 실려 가게 되었다. 한국에서도 응급실에 가본 적이 없 던 내가 살면서 처음으로 응급실에 방문한 것이다. 세계 최초 와인의 나라 가 나를 최초로 응급실로 보내다니! 역시 와인은 희로애락과 함께인가 보 다. 조지아 의사와 간호사 그리고 나중에 그 소식을 알게 된 조지아 친구 들은 얼마나 황당했을까….

자세한 정황을 말하자면 이렇다. 우선 날씨 좋은 가을날 아니랄까 봐 몇 주 내내 이틀 걸러 한 번은 와인과 함께하는 하루를 보냈다. 일이 터지기 전날에는 퇴근하고 스트레스를 푼다며 저녁도 거르고 거실에 혼자 앉아 사또 무끄라니Chateau Mukhrani 브랜드의 르카치텔리Rkatsiteli 화이트 와인을 홀짝홀짝 마셨다. 치즈라도 함께 먹을 걸 그랬다. 흔한 안주 하나 없이 식 탁엔 그저 와인과 취향껏 고른 음악뿐이었다. 그렇게 나름대로 분위기 있 는 저녁을 보내고 다음 날 빈속으로 출근했는데 하필 급하게 맥주 생산 공 장 답사를 가는 일정이 생긴 것이다.

기운이 없고 속이 좀 쓰린 게 왠지 모르게 불길했지만 설마 무슨 일이라 도 있겠어. 감기 한번 쉽게 걸리지 않는 내 몸뚱어리를 믿고 그렇게 트빌 리시 변두리에 있는 대형 맥주 공장을 찾았다. 이 맥주 공장으로 말할 것 같으면 몇 번이나 답사를 허가해 달라고 사정했던 곳이라 갑자기 생긴 이 기회를 절대 무를 수 없었다. 그렇게 점심도 거르고 공장에 도착하니 카리 스마로 무장한 아주 똑 부러지는 매니저가 우리를 맞이해주었다. 이 브랜드의 탄생 과정과 혁혁한 매출 증가 이야기를 들으며 맥주를 연구하는 연구실부터 시작해 탄산수 제조실까지 한 바퀴를 돌았다. 그리고서는 답사의 피날레 코스인 내 키보다도 훨씬 큰 거대한 스테인리스 통이 가득 찬 맥주 제조실에서 발걸음을 멈췄다. 진한 양조 냄새가 흐르는 게 왠지 나에게 맥주 한 잔을 건넬 것만 같은 분위기였다. 아니나 다를까 매니저가 한 생산 담당자에게 무언가 이야기하더니 담당자가 정수기에서 물을 따르듯 거대한 스테인리스 통에서 맥주 한 잔을 쪼르르 뽑아 건네주시는 것이 아닌가. 아, 이를 어쩐담. 한국에서 온 나를 환영해 준다며 푸근하게 웃고 있는 담당자님의 한층 상기된 얼굴을 보면서 차마 그분을 실망하게 할 수 없었다.

그렇게 어제의 르카치텔리 기운이 가시지 않은 내 뱃속에 신선한 맥주를 들이부었다. 그리고 나서는 마치 대단한 비즈니스를 성사시킨 것처럼 담당자에게 악수를 청하며 미소로 화답하려고 하는데 앗, 몸이 말을 듣지 않는다! 머리가 핑핑 돌고 식은땀이 줄줄 흘렀다. 인사도 제대로 못 하고 부랴부랴 일단 사무실로 갔는데 똑바로 앉아있을 수 없었다. 함께 일하는 조지아 직원과 함께 택시를 타고 집으로 향했다. 집에 오자마자 거실에 널브러졌다. 당황한 직원이 이리저리 궁리하더니 한국 드라마에서 봤다며 체할 때 하는 것처럼 엄지손톱 밑을 따주겠다고 했다. 마침 집에 바늘도 있었지만, 겁 많은 우리는 손톱 밑을 제대로 찔러보지도 못하고 손 따기에 실패했다. 그렇게 골골대기를 몇 시간, 내가 더는 일어날 기미가 보이지 않자 직원이 결국 구급차를 불렀다.

집에 방문한 응급 간호사분들의 부축을 받아 어찌어찌 구급차에 타고 병원으로 이송됐다. 이게 무슨 상황일까, 한국에서도 구급차에 타본 적이 없는데 조지아 구급차라니. 마치 이상한 꿈을 꾸는 것만 같았다. 친구들에게 조지아 응급실에 갔다고 말하면 안 믿어 줄 것 같다는 생각이 스쳐 지나갔다. 응급실에 도착하니 의사 선생님께서 일본인이냐고 여쭈어보셨다. 그 와중에 그나마 아는 조지아어인 "메 꼬레엘리 바르 მე კორეელი ვარ. 저는 한국 사람입니다."를 내뱉는 건 잊지 않았다. 함께 와준 직원이 이 한국인이 며칠 내내 와인과 맥주를 마셨다며 자초지종을 설명했다. 응급실에서 온갖 시선이 나에게로 집중됨을 느꼈다.

직원은 나를 휠체어에 태워 이 방 저 방으로 옮겨 다녀주었다. 몇 가지 검사를 마친 뒤 병실로 옮겨가 누웠다. 배가 자꾸만 부글부글 끓어오르고 계속해서 식은땀이 났다. 몸은 왜 이렇게 으슬으슬 추운지 자꾸만 "치와 치와ვიავ ვიავ. 춥다 춥다."라고 말하니 간호사분이 이불을 두 겹이나 덮어주었다. 그렇게 핫도그 빵으로 감싼 소시지처럼 이불을 돌돌 말아 누워 링거를 맞으며 천장만 바라보았다. 별 하나, 별 둘…. 이게 뭔가 싶었다.

아픈데 웃긴 것 같기도 하고 '나는 누구, 여긴 어디'라는 말이 이 상황에 아주 찰떡같은 표현이었다. 살면서 이런 날이 있을 거라고 상상이나 했을까. '물보다 와인에 빠져 죽는 사람이 더 많다.'라는 말이 괜히 있는 것이 아니었다. 몸은 아픈데 자꾸만 다음 주에 해야 할 일들이 떠올라서 마음 편히 쉬질 못했다. 날이 밝자 결국 퇴원 동의서를 쓰고 직원과 함께 다시 집으로 향했다. 마음씨 착한 직원은 약국에서 필요한 약을 사 들고 와 간호까지 해주었다. 그렇게 자다 깨기를 반복하니 조금씩 정신이 들었다.

아무리 빵순이라 해도 그날만큼은 쌀을 먹어야 할 것 같았다. 물에 젖은 솜처럼 천근만근 무거운 몸을 이끌고 마트로 향했다. 쌀과 달걀을 사와서 죽과 계란국을 끓였다. 죽이 먹고 싶어 나름대로 요리를 해보았는데 죽이 아니라 물기가 흥건한 흰밥이 완성됐다. 여기서 죽 전문집을 찾을 수도 없으니 그것도 감사하며 먹었다. 지난 세월이 주마등처럼 스쳐 지나간다는 게 이런 기분인가 싶었다. 며칠 동안 있었던 일이 정말 꿈만 같이 느껴졌다. 그렇게 고생했는데도 와인이 싫어진 건 아니었다. 와인으로 울고 웃고 또다시 슬퍼서 기뻐서 와인을 찾는 조지아 인들을 닮아가는 걸까. 그래도 조지아 와인이 좋다며 조지아인들을 따라 벌컥벌컥 마시다가는 나처럼 배가 깜짝 놀랄 수도, 어쩌면 병원 신세를 져야 할 수도 있으니 꼭 차근차근 적당히 마셔보기를 권장한다.

트빌리시의 대형 병원

병원 이름   American Medical Center Tbilisi
주소   11 Dimitri Arakishvili street, Tbilisi 0179 Georgia

병원 이름   Tbilisi Central Hospital
주소   1, Konstantine Chachava St, Tbilisi 0159 Georgia

병원 이름   Central Republican Hospital
주소   29 Vazha Pshavela Ave, Tbilisi, Georgia

어떤 와인이 맛있을까

　와인은 무조건 달달한 것이 제일인 줄로만 알았던 나에게 조지아 와인은 새로운 세상을 열어주었다. 조지아 크베브리 와인은 아주 오묘한 매력이 있다. 요즘에는 크베브리 와인뿐 아니라 현대식 기계로 만든 와인도 다양하게 출시되고 있고 그 맛도 일품이다. 내가 접해본 와인 중 인상 깊었던 와인을 소개해보고자 한다.

이아고 와인 IAGO's Wine

　조지아의 이아고 비타리쉬빌리 Iago Bitarishvili 장인이 직접 만드는 유기농 크베브리 와인이다. 치누리라고 불리는 청포도로 만든 치누리 와인이 일품이다. 치누리 와인은 일 년에 단 5천 병 정도만을 생산한다고 하니 이 와인을 마셔보는 건 무척 행운이라고 할 수 있다. 치누리 와인은 포도의 즙만을 크베브리에 담아 만든 와인과 포도즙과 짜짜 모두를 크베브리에 통째로 넣고 만든 와인 이렇게 두 종류로 나뉜다. 두 와인 모두 도수는

> **이아고 와이너리** IAGO's Winery
>
> 🌐 www.iago.ge
>
> 📍 Village Chardakhi, 3318, Mtskheta, Georgia

12.5도로 같지만, 포도즙과 짜짜를 모두 넣어 만든 와인의 색이 훨씬 진하고 바디감도 깊다. 두 와인을 비교하며 맛보다 보면 크베브리 와인을 더 잘 이해할 수 있을 것이다.

트빌리시에서 차로 약 40분 정도 떨어진 므츠헤타^{მცხეთა, Mtskheta} 근처에 '이아고 와이너리'가 있다. 이아고 장인은 2003년 소박하고 전통적인 홈메이드 방식의 와인을 만들기 위해 이 와이너리를 설립했다고 한다. 이곳은 유기농 포도 재배학을 연구해 2005년 조지아에서 최초로 바이오 인증을 받은 곳이기도 하다. 이곳에서 직접 와인을 구매할 수 있으며 와인 투어도 즐길 수 있다.

텔리아니벨리 무꾸자니 TELIANI VALLEY MUKUZANI

조지아 친구의 추천으로 마셔보고 반한 와인이다. 조지아 동쪽에 위치한 무꾸자니^{მუკუზანი, Mukuzani} 지역에서 사페라비 적포도 품종으로 만든 레드 드라이 와인이다. 크베브리가 아닌 오크통에서 만들었다는 점에서 더 특별하다. 확실히 조지아의 크베브리 사페라비 와인과 비교했을 때 가볍고 타닌이 적게 느껴졌다. 신선한 과일 향이 강하게 느껴지고 맛의 균형이 잘 잡혀 섬세함이 좋다. 이 와인은 국제적인 상을 휩쓸었을만큼 품질이 좋은 것으로 유명하다. 트빌리시의 와인 상점들에서 텔리아니벨리 브랜드의 와인을 쉽게 구매할 수 있다.

▷ **텔리아니벨리 와이너리** TELIANI VALLEY Winery

🌐 www.telianivalley.com

📍 3 Tbilisi Highway, 2200, Telavi, Georgia

와인만 이야기하면 섭섭해

짜짜ჭაჭა, Chacha를 빼놓고 조지아 술을 논한다면 조지아 사람들이 섭섭해할 것이다. 짜짜는 조지아 사람들이 와인만큼 즐기는 조지아식 증류주다. 와인 제조 과정에서 남은 포도 찌꺼기로 만든다. 짜짜의 도수는 적게는 40도, 많게는 65도까지 올라가는데 소량만 마셔도 몸이 뜨거워지면서 정신을 번쩍 들게 한다. 도수는 높지만 목 넘김이 부드럽고 깊은 풍미를 가지고 있어 세계적으로 많은 사랑을 받고 있다. 조지아인들은 짜짜에 다양한 약효가 있다고 믿으며 아침 식사에 짜짜를 권하기도 한다. 아침부터 술인가 싶겠지만 이들에게는 건강식인 것이다. 짜짜를 한 모금 쭉 들이킨 다음에는 얼른 치즈를 먹어 속을 달래는 게 좋겠다. 그밖에 고품질 브랜디 및 보드카로는 조지아에서 가장 오래된 주류 제조 기업 중 하나인 사라지쉬빌리სარაჯიშვილი, JSC Sarajishvili에서 만든 제품이 유명하다.

🔼 도수 높은 짜짜와 입가심용 안주들.

↑ 짜짜를 마시는 잔은 한국의 소주잔과 비슷하게 작고 투명하다.
↑ 짜짜도 역시 포도가 주원료가 된다.

조지아 맥주를 빼놓는 것도 서운하다. 와인과 짜짜만큼 맥주도 대중적인데 유명한 브랜드로는 나딱따리ნატახტარი, Natakhtari, 아르고არგო, Argo, 아이시აისი, ICY등이 있다. 마트에서는 2라리약 1,000원 전후 가격으로 캔맥주를 즐길 수 있다. 나는 나딱따리 맥주를 좋아했는데 '나딱따리'는 조지아 동쪽에 있는 지역 명칭이자 조지아 음료를 만드는 기업 이름이다. 나딱따리 제품은 저렴하면서 품질이 좋고 '나딱따리'라는 발음이 귀여워서 좋아했다.

그렇다면 이쯤에서 궁금한 점이 있을 것이다. 과연 조지아인도 한국인처럼 술을 섞어 마실까? 정답은 "그렇지 않다!"다. 어디엔가 술을 섞어 마시는 조지아인도 분명 있을 수 있겠지만, 내 주위 조지아 친구들은 열이면 열 조지아에서는 술을 섞어 마시지 않는다고 했다. 또한 화이트와인과 레드와인도 함께 마시지 않는다고 했는데 만약 화이트와인을 마시기 시작했다면 자리가 끝날 때까지 쭉 화이트와인만 마신다고 한다. 조지아 친구들은 한국에서 술을 섞어 마시는 문화가 정말 신기하다고 말한다.

또 조지아에는 한국에서 찾아보기 힘든 다양한 맛의 탄산음료들이 있다. 레몬 맛은 기본이고 배 맛, 크림 맛, 피조아Feijoa라는 과일 맛 등이 있다. 그중에는 타라곤Tarragon이라는 풀 맛이 나는 종류도 있다. 생전 처음 먹어보는 신기한 맛이었다. 상쾌한 허브 향 탄산음료라고 표현하면 이해가 쉬울 것이다. 조지아 친구는 어릴 때부터 이 타라곤 맛 탄산음료를 좋아했다고 하는데 나에게는 너무 낯선 맛이었다. 한국에서 민트 초코 맛을 좋아하는 사람과 싫어하는 사람이 나뉘듯이 타라곤 맛도 호불호가 강하게 나뉠 것 같다. 많은 이들이 조지아에 가서 와인은 물론 맥주와 타라곤 맛 탄산음료도 함께 맛보았으면 좋겠다.

조지아에는 우리에게 익숙한 '그 조지아 커피'는 없지만 다양한 인스턴트 커피를 판매하고 있다. 길거리 상점에서도 커피 파는 곳을 쉽게 찾아볼 수 있는데 70테트리[약 350원] 정도면 맛있는 커피 한 잔을 즐길 수 있다. 출근길마다 벤치에 앉아 마셨던 따뜻한 커피 한 잔은 그냥 지나칠 수도 있었던 익숙한 풍경을 다시 새롭게 느낄 수 있는 시간을 선물해 주었다.

❶ 길거리 상점에서 파는 커피. 커피와 함께 주위를 둘러보는 여유를 가졌다.

꼬불꼬불 하트 모양, 조지아어

하트♡처럼 보이는 조지아어

조지아 와인만큼 그들에게 중요한 것이 바로 조지아어다. 구소련의 흔적이 남아있어 거리 곳곳에서 러시아어를 쉽게 찾아볼 수 있지만, 조지아 사람들은 '카르툴리 에나ქართული ენა, Kartuli Ena'라고 불리는 조지아어를 사용한다. 한글보다도 더 일찍이 만들어진 이 조지아어를 약 4백만 명이 채 안 되는 조지아인만이 사용하고 있으니 참으로 희귀하고 소중한 언어라고 할 수 있다.

이곳에 살면서 조지아인의 언어 습득 능력이 매우 좋다고 생각했는데 주변에서 조지아어, 영어, 러시아어를 기본으로 할 줄 아는 조지아인을 많이 보았기 때문이다. 그동안 만났던 조지아인들 중 구소련 시절을 겪은 30대 중반 이상의 분들은 대부분 러시아어를 할 줄 알았다. 지금은 제2외국어로 영어를 채택하여 10~20대 학생들은 러시아어보다 영어를 더 친숙하게 느낀다고 한다.

수도 트빌리시에서는 영어를 구사하는 사람이 많아 일 년 동안 살면서 트빌리시의 식당, 마트, 은행 등에서 영어로 소통하는 데에 큰 어려움은 없었다. 하지만 트빌리시를 벗어난 지역에서는 영어로 소통하기 어려웠고 거리의 표지판이라던가 식당의 메뉴판 등에 영문 표기가 없는 것이 많았다. 그러니 지금 딱 2시간 정도만 시간을 내어 마지막 장, '니니의 비밀 노트'에 수록된 조지아어를 함께 공부해서 조지아어와 더욱 친해져 보자.

조지아어를 처음 봤을 때 하트 모양처럼 생긴 알파벳이 참 많다고 느꼈다. 그도 그럴 것이 'ო, ფ, ღ' 이렇게 언뜻 보면 비슷비슷하고 동글동글하니 내 눈에는 그저 하트처럼 보였다. 꼬불꼬불해서 아랍어, 태국어와 비슷하게 보이기도 하지만 완전히 다르고, 옛날 2G폰 시절 이모티콘을 만들 때 사용하던 특수문자처럼 생긴 조지아어. 보기에는 마냥 예쁜데 이 언어를 사용하는 나라에 가서 살아야 한다니 대뜸 겁이 났다. 인사라도 제대로 할 수 있을지 걱정했지만 어떻게든 할 수 있다. 일단 부딪혀보는 거다.

"니니, 이거 한번 읽어볼래?"
"그럴게! რა თქმა트크마 უნდა운다….라 트크마 운다?"
조지아 직원들은 틈만 나면 길거리 간판, 식당 메뉴판 등 조지아어로 되어있는 글자들을 읽어보라고 했다. 당연히 이 알파벳이 저 알파벳 같고 발음도 틀리기 일쑤. 어렵고 버거웠지만 직원들이 쓰는 말을 따라 하며 점점 조지아어와 친해지게 되었다. 내가 좋아하는 단어 중 발음이 귀여우면서 실제로 자주 썼던 단어 몇 개를 소개해본다.

• რა თქმა უნდა^{Ra tkma unda 라 트크마 운다} : "당연하지."라는 뜻이다. 예를 들어 "힌깔리 긴다^{ხინკალი გინდა, Khinkali ginda, 힌깔리 원하니}?"에 대한 대답

으로 "라 트크마 운다!"라고 하면 된다.

- იმედია^{Imedia} 이메디아 : "바라건대."라는 뜻이다. 어떤 일이 잘 되기를 바랄 때 앞에 "이메디아 ^{It will be well.}"를 붙여서 말하면 된다.
- მომენატრე^{Momenatre} 모메나뜨레 : "보고 싶었어."라는 뜻이다. 친구들을 오랜만에 만났을 때 할 수 있는 표현이다.

❶ 트빌리시의 한 레스토랑 입간판. 조지아어 캘리그래피가 아름답다. 영계 치킨(წიწილა, 치칠라) 요리를 판매한다고 쓰여 있다.

거룩한 빛, 조지아 속 정교회

일상 속에 녹아있는 정교회

조지아는 아르메니아에 이어 기독교의 시작을 함께한 나라이다. 인구의 약 85%가 정교회를 믿고 있다. 조지아는 4세기 초, 성녀 니노^{წმინდა ნინო, Saint Nino}에 의해 기독교를 받아들였다고 전해 내려온다. 조지아인들은 주변국의 수많은 침략 속에서도 순고한 신앙을 지켜내기 위해 분투해온 강인한 민족이다. 적의 침입을 피하고 그들의 종교를 지켜내고자 만들었던 동굴 도시들과 '꼬쉬끼^{კოშკი, Koshki}'라고 불리는 탑들은 여전히 조지아에 남아 그 자리를 지켜주고 있다.

일요일이면 많은 조지아인이 교회에 가서 기도를 드리고, 매년 부활절이면 가족과 이웃이 둘러앉아 붉은 달걀을 만들어 먹으며 행복한 시간을 보낸다. 조지아인들은 부활절 전과 크리스마스 전을 포함해 일 년에 크게 4차례 '마르크바^{მარხვა, Markhva}'라고 불리는 금식을 실천한다. 조지아의 금식은 이슬람교의 금식처럼 어떠한 음식 섭취도 하지 않는 금식이 아니라 육류, 유제품 등을 먹지 않는 방법으로 진행되며 평소 자신이 좋아했던 것

을 멀리하는 것도 포함된다. 이 기간에 몸과 마음을 정화하며 자신을 돌아
보는 것이다.

많은 조지아 친구들이 십자가 목걸이를 차고 다녔다. 조지아 가정집에
방문하면 기도하는 공간이 따로 마련되어 있고 지하철 역사나 길거리에서
종교용품을 파는 곳을 흔히 볼 수 있다. 조지아 교회 앞을 지나갈 때면 십
자 성호를 그리며 그들의 신실한 마음을 표현하는 조지아인들을 쉽게 볼
수 있다. 이렇듯 정교회는 조지아인들의 삶 속에 깊숙이 침투해 있다.

정교회의 예배는 눈부시게 아름답다. 성당 안을 빼곡히 채우고 있는 이
콘Icon과 프레스코Fresco, 성당을 밝히는 촛불과 그 주위로 퍼지는 향냄새,
열린 문틈으로 쏟아지는 밝은 햇살, 화려한 종교 의상과 도구들, 조화롭게
울려 퍼지는 찬송가는 경이로움을 자아내기 충분하다. 조지아 교회에는
의자가 없다. 신자들은 선 채로 예배한다. 조지아 교회에 들어서면 신자들
은 촛불에 불을 붙인 뒤 이콘을 향해 입 맞추고 십자 성호를 그리며 진심
어린 경외를 표시한다.

평범한 일요일 오전, 조지아 친구를 따라 동네 교회 예배에 가본 적이
있다. 아주 어린 아이들부터 연세가 지긋한 노인분들까지 온 동네 주민들
이 모인 이곳에서 '지아레바ზიარება, Ziareba'라고 불리는 성체성혈성사를 하
는 모습을 볼 수 있었다. 지아레바는 예수 그리스도의 몸과 피를 상징하
는 빵과 포도주를 먹는 성사를 의미한다. 예배가 시작되자 교회의 사제는
차례로 줄 서 있는 신도들에게 포도주를 작은 숟가락으로 떠먹여 주었다.
어린아이들도 줄을 잘 서서 기다리고 있었는데 순서가 오면 부모는 아이
를 번쩍 들어 올렸고 아이는 사제가 주는 포도주를 넙죽 받아먹었다. 성혈

① 므츠헤타 지역의 스베띠츠호벨리 대성당 내부. 이콘과 프레스코가 가득하다.

성사가 끝나고 난 뒤 신도들은 '세피스끄베리ᲡᲔᲕᲘᲡᲙᲕᲔᲠᲘ, Sepiskveri'라고 불리는 성체용 빵을 나눠 먹으며 도란도란 이야기꽃을 피웠다. 모두가 이 시간을 정말 소중히 여기고 있음을 피부로 느낄 수 있었다. 조지아 사람들이 행복한 이유는 아마도 이 소중한 시간들 덕분이 아닐까. 나 또한 교회에 온 동네 아이들에게 둘러싸여 온갖 관심과 사랑을 받으며 잊지 못할 소중한 시간을 보냈다.

🔼 조지아의 정신적 지주, 성삼위일체 대성당.
🔼🔼 성체용 빵, 세피스끄베리.

꼭 알아야 할 인물, 성녀 니노

조지아에 살면서 '니니bobo, Nini'라는 조지아식 이름을 만들었다. 니니라는 이름은 본래 '니노bobm, Nino'라는 이름에서 왔다. '츠민다 니노'라고 불리는 이 인물은 조지아에 기독교를 전파한 여성이다. 지금의 튀르키예 카파도키아Cappadocia 지역에서 태어나 신실한 기독교인으로 자란 니노는 전쟁으로 인해 황폐해진 그곳을 떠나 조지아에 건너와 치유와 기적을 행하며 기독교를 전파하게 되었다. 조지아 사람들은 성녀 니노를 신성하게 여긴다. 조지아의 교회 어느 곳에서나 니노의 이콘을 쉽게 볼 수 있다.

자세히 보면 성녀 니노가 들고 있는 십자가의 모양이 우리가 흔히 알던 십자가 모양과 다르다는 걸 알 수 있다. 니노가 들고 있는 십자가는 포도

🔺 말을 탄 츠민다 기오르기(St. George)와 포도나무 십자가를 든 츠민다 니노 이콘.

↑ 즈바리 수도원의 포도나무 십자가.

나무 가지를 엮어서 만든 '포도나무 십자가'이다. 정교회를 대표하는 십자가인데 니노가 성모마리아로부터 이 십자가를 직접 받았다는 설과 니노가 조지아로 기독교를 전파하러 오면서 직접 포도나무와 자기 머리카락으로 이 십자가를 창조했다는 설이 함께 전해 내려온다.

조지아에는 '니노'라는 이름을 가진 여성들이 매우 많다. 남자는 '기오르기 გიორგი, Giorgi'라는 이름이 많은데, 길거리에서 니노, 기오르기를 부르면 반은 뒤돌아본다는 이야기가 있다. 내 주변만 해도 니노와 기오르기라는 이름을 가진 친구들이 정말 많다! 그래서 니노와 기오르기를 말할 때 키가 큰 니노, 경찰 기오르기와 같이 수식하는 말을 앞에 꼭 붙여야 했다. 그 밖에 내 주변에서 볼 수 있었던 남자 이름으로는 주랍Zurab과 이라클리Irakli가 많았고 여자 이름으로는 안나Ana와 마리암Mariam이 많았다.

한국에서는 '김·이·박·최'처럼 흔한 성이 있다면 조지아에는 이렇게 흔한 이름이 있다. 그 대신 성이 아주 독특한데 성을 보고 어느 지역 출신인지 추측할 수도 있다. 예를 들어 -dze-ძე, -제로 끝나는 성을 가진 사람은 조지아 서부 출신임을 알 수 있다. dze를 접미사로 하는 성 중에는 짜브짜바제ჭავჭავაძე, Chavchavadze, 아바쉬제აბაშიძე, Abashidze 등이 있다. 조지아 친구가 내 이름을 '니니 바그라띠오니'로 지어 주었는데, '바그라띠오니ბაგრატიონი, Bagrationi'는 바그라띠오니 왕조에서 내려온 성이라고 한다. 조지아에서 조지아식 이름을 지어보고 싶다면 이렇게 특별한 성을 만들어 보아도 좋을 것이다.

1월의 크리스마스

일 년 중 내가 가장 손꼽아 기다리는 달은 12월이다. 내 생일과 크리스마스가 동시에 있는 설레는 달이기 때문이다. 조지아에서도 어김없이 설레는 마음으로 12월을 맞이하려고 했는데, 엇? 뭔가 이상하다. 12월 25일이 쉬는 날이 아니란다! 어떻게 된 영문이냐며 직원에게 여쭈어보니 조지아의 크리스마스Orthodox Christmas는 내년 1월 7일이란다! 아니, 나 한평생을 '크리스마스=12월 25일=쉬는 날(가끔은 쓸쓸한 날)'이라고 생각했는데 말이다. '당연한 게 당연하지 않을 수 있다.'는 생각까지 도달하는 데채 10초도 걸리지 않은 것 같다. 조지아에서는 우리가 흔히 알고 있는 달력 계산법인 '그레고리력'이 아닌 '율리우스력'을 사용해서 크리스마스를 기념한다. 율리우스력의 12월 25일이 그레고리력으로는 1월 7일로 계산된다. 크리스마스 날짜가 달라서 얼떨결에 두 번이나 크리스마스를 즐기게 되었고, 그 설렘도 두 배로 느낄 수 있었다. 그러니까 조지아에서의 크

1월의 크리스마스를 앞둔 트빌리시의 자유광장

리스마스는 '메리 크리스마스!'가 아니라 '메리메리 크리스마스!'였다.

크리스마스 기간 조지아의 거리는 화려한 트리와 형형색색의 조명으로 물들며 들뜬 분위기를 자아낸다. 거리에서는 산타 복장을 한 청년들이 사탕을 나눠주기도 했고 귀여운 소품들을 판매하는 마켓도 열렸다. 잊지 말자, 조지아의 크리스마스는 1월 7일!

⬆ 크리스마스 기간 자유광장 거리의 활기찬 분위기.

🍂 백만 송이 장미의 주인공, 니꼬 피로스마니 🍂

⬆ 트빌리시에 있는 니꼬 피로스마니의 동상.

우리에게 아주 익숙한 심수봉의 노래 '백만 송이 장미'를 아는가? 이 곡의 원곡은 라트비아의 민요로 러시아의 가수 알라 푸가체바[Alla Pugacheva]가 부른 버전 'Million of Red Roses'가 전 세계적으로 유명하다. 갑자기 이 이야기를 꺼낸 이유는 이 노래의 주인공이 바로 조지아 출신 화가 '니꼬 피로스마니[ნიკო ფიროსმანი, Niko Pirosmani]'이기 때문이다.

니꼬 피로스마니는 조지아의 온 국민이 사랑하고 자랑스러워하는 화가로 그가 남긴 그림들은 조지아인의 삶에 깊숙이 남아 영원한 동반자가 되어주고 있다.

조지아 친구가 들려준 니꼬 피로스마니의 이야기를 소개해 본다. 피로스마니는 1862년 가난한 농부의 아들로 태어났다. 어린 나이에 고아가 된 그는 부유한 집안의 하인으로 살면서 상점 간판, 초상화 등을 그리는 일을 시작했다. 궁핍한 생활 속에서도 그림에 대한 열정과 재능만큼은 단단했던 그는 자신만의 색채로 조지아의 일상을 담은 그림을 하나둘씩 남기기 시작했다. 아무도 알아봐 주지 않아도 묵묵히 그림을 그리며 살아가던 어느 날, 그는 프랑스 가수이자 배우로 알려진 아름다운 여인 '마가리타 Margarita de Sevres'가 조지아에서 공연하는 것을 보고 단번에 사랑에 빠진다. 피로스마니는 그녀를 오랫동안 열렬히 사랑했지만 그녀에게 다가갈 수는 없었다. 그는 너무나도 사랑하는 그녀를 위해 전 재산을 팔아 백만 송이의 장미를 사고 수레에 가득 실어 그녀의 집 앞에 찾아간다. 그리고 그 장미를 그녀가 사는 집 앞에 온통 뿌리며 사랑을 전한다. 감동한 그녀가 그의 키스를 받아들였지만, 그 키스는 첫 키스이자 마지막 키스가 되었다. 그날 이후로 둘은 영영 볼 수 없게 되었고 이 이야기는 훗날 '백만 송이 장미' 노래의 가사가 되었다. 실로 로맨틱한 이야기가 아닐 수 없다.

그림을 향한 니꼬 피로스마니의 순수한 열정은 그 누구도 따라올 자가 없었다. 그러나 그는 생전에 주목받지 못했다. 그에 대한 정확한 기록도 남아있지 않다. 후대에 이르러 그의 그림은 조지아의 삶을 가장 잘 표현했다고 칭송받았는데 현대 미술의 거장 파블로 피카소도 피로스마니의 그림에 많은 영향을 받았다고 한다.

🔺 〈Actress Margarita〉, 1909, The National Gallery
피로스마니가 열렬히 사랑했던 여인의 모습이 '배우 마가리타'라는 제목의 그림으로 남아있다.

🔺🔺 니꼬 피로스마니의 모조 작품 기념품은 조지아 어디에서나 쉽게 찾아볼 수 있다.

The National Gallery

트빌리시에 위치한 네셔널 갤러리에서 30점의 니꼬 피로스마니의 작품을 감상할 수 있다.

- www.museum.ge
- Dimitri Shevardnadze National Gallery, 11 Shota Rustaveli Avenue
  (Liberty Square 지하철 역에서 도보 약 6분)
- 화요일~토요일 10am~6pm(월요일, 일요일, 공휴일 휴무)

동전을 넣어야 움직이는 엘리베이터

조지아의 화폐단위는 라리이다. 1라리는 한화 약 500원^{2023년 3월 기준}이고, 라리 단위 아래로는 '테트리'라고 부른다. 조지아는 동전의 종류가 정말 많은데 가장 작은 단위인 1테트리 동전부터 2라리까지 총 8가지 종류의 동전이 있다.

그중 내가 가장 필요로 했던 동전은 바로 10테트리였다. 10테트리 동전은 2라리 동전보다 훨씬 소중했다. 내가 살던 아파트의 엘리베이터를 이용하려면 10테트리 동전이 필요했기 때문이다. 엘리베이터를 타면 자판기처럼 동전을 넣는 구멍이 있는데 이곳에 무조건 10테트리 동전을 넣어야지만 엘리베이터가 작동했다.

그러면 여기서 궁금증이 생길 것이다. 5테트리를 2개 넣거나 10테트리보다 큰 단위의 동전을 넣으면 엘리베이터가 움직일까? 정답은 "아니요!"다. 수중에 10테트리 동전이 없었을 때 다른 단위의 동전을 여러 가지 넣어보았는데 아쉽게도 내가 사는 곳의 엘리베이터는 오로지 10테트리만을 원했다. 그래서 마트에서 물건을 사고 거스름돈을 받을 때 10테트리로 받을 수 있냐고 쭈뼛쭈뼛 물어보는게 늘 일상이었다. 엘리베이터를 타지 않고 계단으로 올라갈 수도 있지만 저녁에는 계단에 불이 안 켜져서 조금 무서웠다. 그래서 가끔 동전이 없을 때는 다른 사람을 기다렸다가 같이 탔다. 더 재미있는 것은 엘리베이터를 타고 내려갈 때는 동전을 안 넣어도 된다는 사실!

혹시라도 조지아 엘리베이터를 탔는데 움직이지 않는다면 당황하지 말고 재빨리 동전을 넣는 구멍을 찾아보자.

🔺 조지아 동전 종류. 오른쪽으로 갈수록 큰 단위의 동전이다.
왼쪽에서 첫 번째 동전은 1테트리(약 5원)이다. 마트에서 거스름돈을 받을 때 많이 받던 동전인데, 가치가 작아서 잘 취급하지 않는다.
왼쪽에서 네 번째 동전인 10테트리가 바로 엘리베이터를 탈 때 필요했던 동전이다.
맨 오른쪽 동전인 2라리(약 1,000원)로는 맥주 한 캔 정도를 사 먹을 수 있다.

3

조지아가 더
좋아진 이유는

조지아 친구 리카베 할머니의 손맛이 듬뿍 담긴 푸짐한 밥상

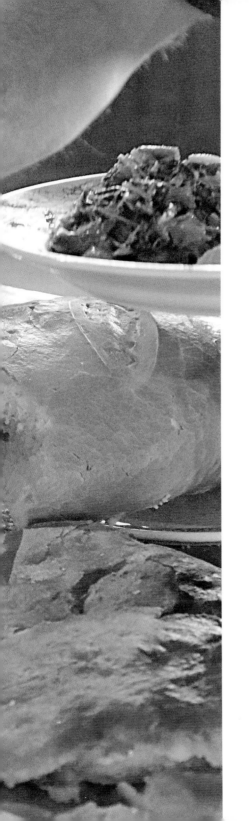

조지아는 점점 더 내 마음속으로 들어와 조그맣게 자리 잡기 시작했다. 버터와 치즈가 듬뿍 들어간 아짜룰리 하짜뿌리를 한입 가득 넣고 오물오물 먹으면 그 고소한 맛에 절로 웃음이 났고, 노란색 미니 버스 마르슈뜨까를 탈 때면 놀이기구를 타는 것처럼 즐거웠다. 리카네 시골집에서 보낸 시간은 온전히 현재를 사는 것에 집중하는 삶이 무엇인지 알게 해주었다. 무엇보다 나를 반겨주는 사람들이 있었기에 조지아를 더욱 사랑할 수 있었다.

01

조금 짜지만 맛있는 조지아 음식

천국의 식탁, 조지아 음식

"모든 조지아 음식은 시와 같다."
ყველა ქართული კერძი პოემაა.
Every Georgian dish is a poem.

- 알렉산드르 세르게예비치 푸시킨(Alexander Sergeyevich Pushkin), 19세기 러시아 시인-

대문호 푸시킨은 한국에서 〈삶이 그대를 속일지라도〉라는 시로 유명한 러시아의 시인이자 소설가이다. 조지아에 머물 당시 조지아의 아름다운 풍경과 음식 그리고 와인에 매료되었다고 한다. 조지아 사람들도 푸시킨을 매우 존경하는데, 트빌리시의 자유광장 근처에는 멋진 분수로 유명한 푸시킨 공원이 있다.

그는 조지아의 많은 것을 사랑했다. 그중 푸시킨이 극찬한 것이 있으니 바로 조지아의 맛있는 음식이다. 그는 조지아 음식을 마치 '시'와 같다고 표현했다. 나도 그처럼 조지아 음식을 사랑한다. 조지아 사람들은 담백한 빵과 짭짤한 치즈를 주식으로 먹는다. 그밖에 조지아식 왕만두 '힌깔리', 조지아식 치즈피자 '하짜뿌리', 그리고 툭툭 썬 돼지고기를 포도나무 가지로 바비큐한 '므츠바디'가 제일 유명하다.

조지아 사람들은 조지아 음식에 대한 남다른 사랑과 자부심을 가지고 있다. '신이 선물한 천국의 식탁'이라고 불릴 만큼 조지아 음식은 조지아의 자랑이자 조지아에 꼭 가봐야 할 이유가 된다. 조지아 음식은 러시아, 중동, 페르시아 등 여러 문화의 영향을 받아 다채로우면서도 조지아만의 독특한 맛과 멋을 선보인다.

따사로운 햇볕을 받고 자란 포도는 일상 속 희로애락을 늘 함께하고 호두, 피스타치오, 석류 등으로 만든 다양한 디저트는 그 색깔부터 눈길을 사로잡는다. 우리에게 익숙한 식재료인 가지와 감자도 조지아만의 특별한 레시피를 만나 재탄생한다. 조지아 친구의 시골집에 놀러 갔을 때 먹은 고소한 가지볶음은 아직도 잊을 수 없다.

맛있는 조지아 음식을 맛보기 전 한가지 고려해야 할 부분이 있다면 한국 사람의 입맛에 다소 짭짤하게 느껴질 수 있다는 사실이다. 조지아 식당에 가면 기본적으로 테이블에 소금과 후추가 배치되어 있다. 나한테는 이미 짠 음식에 조지아 친구들은 소금과 후추를 팍팍 쳐서 먹었다. 점심시간에는 사무실 근처 태국 음식점도 자주 갔는데 팟타이가 매우 짰다. 그래서 음식을 주문할 때면 소금을 조금만 쳐달라고 부탁하느라 늘 이렇게 말하곤 했다.

마릴리 초따^{მარილი ცოტა}, Marili tsota.

소금은 조금만 쳐주세요.

고수를 좋아하지 않는다면 이렇게 말해보자.

킨지스 가레쉐^{კინძის გარეშე}, Kindzis gareshe.

고수 빼주세요.

조지아 음식을 맛본 뒤, 이렇게 외치는 것도 잊지 말자.

잘리안 게므리엘리아^{ძალიან გემრიელია}, Dzalian gemrielia!

정말 맛있어요!

대표적인 조지아 음식

▪ 뿌리 ᲞᲣᲠᲘ, Puri

뿌리는 '빵'을 뜻한다. 길거리 곳곳마다 다양한 빵집을 볼 수 있다. 조지아 빵은 담백하면서도 겉은 바삭하고 속은 부드럽고 촉촉하다. 한국에 살고 있는 조지아 친구는 한국 빵이 자기 입맛에는 모두 달게만 느껴진다며, 조지아 특유의 살짝 짜고 담백한 그 맛을 한국에서는 찾기 힘든 것 같다고 말한다.

① 마트 직원분이 토네에서 빵을 꺼내고 있다.
➡ 길거리 빵집에서 80테트리(약 400원)를 주고 쇼티스 뿌리를 샀다.

뿌리 중에 제일 흔하게 볼 수 있는 뿌리는 '토니스 뿌리ᵗᵒⁿⁱˢ ᵖᵘʳⁱ, Tonis Puri'이다. 토니스 뿌리는 '토네ᵗᵒⁿᵉ, Tone'라고 불리는 큰 화덕에서 구워낸 빵으로 보통 한 개에 1리라 정도 하며 마트나 길거리 빵집에서 쉽게 사 먹을 수 있다. 조지아 빵은 모양이 참 신기한데, 배 모양처럼 생긴 '쇼티스 뿌리ˢʰᵒᵗⁱˢ ᵖᵘʳⁱ, Shotis Puri'는 조지아 식탁에 가장 자주 올라오는 빵이다. 가로 크기가 약 30cm가 넘는 정도인데 마치 푹신한 방석 같다. 쇼티스 뿌리를 사면 종이에 감싸주거나 봉지에 넣어주는데 옆구리에 딱 끼고 가져가면 된다. 토네에서 갓 꺼내 따끈따끈할 때 길에서 뜯어먹는 게 제일로 맛있다. 빵집에서 풍겨오는 구수한 빵 굽는 냄새는 늘 지나가는 발걸음을 멈추게 만들었다.

❶ 쇼티스 뿌리를 판매하는 빵집. 저 문으로 뿌리를 건네준다.

▶ 하짜뿌리ᵏʰᵃᶜʰᵃᵖᵘʳⁱ, Khachapuri

조지아식 치즈피자이다. 우리가 흔히 아는 다양한 토핑이 가미된 피자가 아니라 치즈와 버터, 달걀로 맛을 낸 담백하고 고소한 피자이다. 지역에 따라 다양한 종류의 하짜뿌리가 있다.

아짜룰리 하짜뿌리 იმარული ხაჭაპური, Acharuli Khachapuri

아짜라Achara 지역에서 유래한 하짜뿌리이
다. 아짜라 지역은 바투미Batumi라는 도시가 있
는 곳인데 드넓은 흑해와 맞닿아 있다. 그래서
인지 하짜뿌리 모양도 배 모양처럼 생겼다. 조
지아에 오기 전 이 하짜뿌리의 맛이 정말 궁금
했다. 사진만 보고서는 꿀을 찍은 고르곤졸라

아짜룰리 하짜뿌리. 색깔이 노란 게
참 먹음직스러워 보인다.

피자처럼 달콤할 것으로 생각했는데 실제로는 달지 않고 담백한 맛이 난
다. 가운데 얹힌 달걀과 버터, 그리고 치즈를 잘 섞은 뒤 바깥쪽 빵부터 뜯
어 찍어 먹는다. 촉촉하고 부드러운 빵에 치즈를 듬뿍 얹혀 먹으면 정말로
천국의 맛이 아닐 수가 없다.

이메룰리 하짜뿌리 იმერული ხაჭაპური, Imeruli Khachapuri

이메레티Imereti 지역에서 유래한 하짜뿌리이
다. 조지아 곳곳에서 가장 쉽게 볼 수 있는 기본
적인 하짜뿌리로 밀가루 반죽을 동그랗고 얇게
만들어 그 안에 치즈를 넣고 구워 만든다. 길거
리에서 식사 대용으로 간편하게 사 먹을 수 있고
조지아 식당 어느 곳을 가든 만날 수 있는 국민
음식이다.

이메룰리 하짜뿌리. 고르곤졸라
피자처럼 생겼다.

메그룰리 하짜뿌리 მეგრული ხაჭაპური, Megruli Khachapuri

사메그렐로Samegrelo 지역에서 유래한 하짜뿌
리이다. 이메룰리 하짜뿌리와 비슷하게 생겼
지만 빵에 치즈를 듬뿍 추가해 이메룰리 하짜

메그룰리 하짜뿌리. 겨울 이불처럼
두껍고 푹신하다.

뿌리보다 더 두껍고 깊은 맛이 난다. 갓 구운 메그룰리 하짜뿌리는 치즈가
쭉 늘어나 더 예술이다.

끄벨리 | ყველი, Qveli

⬆ 아주 짠 이메레티안 치즈.
만화에 나오는 치즈 같이
통통하다.

끄벨리는 조지아어로 '치즈'를 의미한다. 조
지아에서 치즈는 식탁 위 필수 음식이다. 집에
서 직접 만들어 먹기도 하고 마트와 길거리에서
도 쉽게 접할 수 있다. 조지아의 치즈는 술구니
Sulguni 치즈, 이메레티안Imeretian 치즈 등 종류가
아주 다양한데, 대부분 소금에 절인 치즈로 아주
짜다. 보통 샐러드에 넣어 먹거나 빵과 함께 일
반적인 식사에 곁들여 먹는다.

⬆ 길거리 치즈 가게. 치즈는 조각으로도 구매할 수 있다.

힌깔리 ხინკალი, Khinkali

일명 조지아식 왕만두이다. 두툼한 밀가루 반죽에 고기, 치즈, 버섯, 삶은 감자 등으로 만든 소를 넣고 복주머니 모양으로 빚은 뒤 물에 삶아서 만든다. 만두피는 수제비만큼 두꺼우면서 쫄깃하고, 한 입 물면 샤오룽바오처럼 육즙이 쫙 터진다. 힌깔리를 먹을 때 포크를 사용하면 조지아인들은 '뭘 모르는군!'이라고 생각할

🔺 부드럽고 촉촉한 삶은 힌깔리.

것이다. 포크로 힌깔리를 찌르면 맛있는 육즙이 다 흘러내려 버리기 때문이다. 그래서 먹는 요령을 잘 익혀야 한다.

먼저 취향에 따라 힌깔리에 후추를 살살 뿌린 뒤에 위 꼭지를 잡고 옆면을 베어 물어 즙을 빨아 먹는다. 갈비탕 국물처럼 짭짤하고 진한 육즙에 감탄하고 난 다음에는 어디를 베어 먹든 편한 방법으로 맛있게 즐기면 된다. 조지아 사람들은 보통 손잡이가 되는 꼭지 부분을 잘 먹지 않고 남긴다. 유난히 이 부분을 좋아하는 조지아 친구들도 있는데, 질감이 떡처럼 쫄깃쫄깃해서 나도 좋아한다. 가끔 고수를 듬뿍 넣은 힌깔리는 고수 향이 많이 나서 먹기 어려워 만두피만 야무지게 챙겨 먹었다.

힌깔리의 발음은 킨깔리인가 힌깔리인가!

힌깔리의 첫음절은 'ㅋ'과 'ㅎ', 그 사이 어디쯤 있으면서도 가래 끓는 듯한 발음을 해야 하는 알파벳 'ხkh'로 시작한다. 이 발음은 조지아 알파벳 중에서도 발음하기 어려운 알파벳으로 꼽히는데 한국어에는 비슷한 발음이 없어서 정말 발음하기 어렵다. 프랑스어를 잘하는 사람이라면 아마

잘 발음할 수 있을 것이다. 나는 일 년 동안 연습했는데도 마스터하지 못했다. 서툴더라도 'ㅋ'과 'ㅎ' 사이의 발음을 열심히 내보자. 사실 그냥 한국어 발음 그대로 '힌깔리'라고 말해도 대부분 알아들으니 큰 걱정은 하지 않아도 된다.

조지아인과 친해지고 싶다면 힌깔리를 몇 개까지 먹어보았는지 물어보자!

조지아 친구 중 잘 먹는 친구들은 '내가 배고플 땐 말이야'라는 말로 시작해서 힌깔리를 10개는 기본, 15개도 거뜬히 먹을 수 있다고 말한다. 배가 많이 고플 때 조지아 식당에 들어가서 힌깔리를 주문하고 친구들과 함께 누가 더 잘 먹는지 알아보는 것도 특별한 경험이 될 것이다. 힌깔리는 낱개로도 판매하니 처음부터 무리하지는 말고 하나씩 차근차근 음미해보자.

▶ 므츠바디 მწვადი, Mtsvadi

① 양파가 올려진 므츠바디. 하나씩 집어 칼로 썰어 먹는다.

조지아의 포도는 버릴 것이 하나도 없다고 하지 않았는가. 남녀노소 좋아하는 므츠바디는 포도나무 가지인 짤라미에 불을 붙여 돼지고기를 구워낸 조지아식 바비큐이다. 주로 구운 양파와 신맛이 나는 야생 자두인 뜨께말리 ტყემალი, Tkemali 소스와 함께 먹는다. 고기의 단단한 식감과 풍부한 육즙이 조화롭게 어우러진다.

쉬크메룰리 ᏰᏲᎴᎴᎴᎴᎴᎴᎴᎴ, Shkmeruli

어쩌면 한국인들의 입맛에 가장 잘 맞을 수도 있는 쉬크메룰리는 조지아식 마늘 통닭이다. 먼저 큼직한 토종닭을 통째로 튀긴 후 기름기를 쫙 뺀다. 그리고 먹기 좋게 썰어 마늘과 우유를 듬뿍 넣은 양념과 함께 다시 빠짝 구워낸다. 바삭바삭한 닭 껍질과 알싸한 양념이 크베브리 레드와인을 부르는 맛이다. 하짜뿌리로 속이 조금 느끼해졌다면 쉬크메룰리로 입맛을 되살려보자.

⬆ 마늘향이 알싸한 쉬크메룰리. 조지아식 치와 (치킨&와인)에 도전해 보는 건 어떨까?

오자꾸리 ᎴᎴᎴᎴᎴᎴᎴᎴᎴ, Ojakhuri

내 입맛에 가장 잘 맞았던 오자꾸리는 돼지고기 또는 소고기를 감자, 양파와 함께 볶은 요리이다. 이때 감자는 튀긴 감자라 바삭바삭해 정말 맛있다. 전체적인 맛은 한국의 감자볶음처럼 고소한 맛이 나는데, 한국 음식이 먹고 싶어질 때면 오자꾸리를 포장해가서 먹었다. 밥이랑 먹든지 빵이랑 먹든지 모두 잘 어울리고 속이 든든해지는 음식이다.

⬆ 밥과 빵에 모두 잘 어울리는 오자꾸리.

오스뜨리 ოსტრი, Ostri

부드러운 소고기 스튜이다. 빨간색이어서 매운 음식인가 싶겠지만 토마토 소스로 빛과 맛을 낸 요리이다. 고춧가루와 후추로 간을 더한다. 양념이 잘 배어 맛있게 완성된 오스뜨리 한 그릇이면 쇼티스 뿌리 한 개를 뚝딱 해치울 수 있다. 가끔 고수 맛이 강하게 나는 오스뜨리도 있어서 주문할 때면 '킨지스 가레쉐.'라고 말했다.

⬆ 고수가 듬뿍 올라간 오스뜨리.

바들르자니 니그브지트 ბადრიჯანი ნიგვზით, Badrijani Nigvzit

호두 양념이 들어간 가지 요리이다. 호두와 마늘, 고기를 함께 갈아 양념을 만든다. 가지는 납작하게 썰어 기름에 튀기듯이 구운 뒤 이 호두 양념을 감싸 돌돌 말아서 먹는다.

⬆ 돌돌 말은 가지 요리 바들르자니 니그브지트와 초록색 둥그런 모양의 프칼리.

프칼리 ფხალი, Pkhali

조지아식 채소 무침이다. 시금치, 가지, 양파 등의 채소를 잘 익혀 다지고 호두 소스, 후추, 소금, 식초 등으로 간을 한 뒤 고수와 파슬리를 잘게 잘라 섞어 동그랗게 말아먹는다. 보통 애피타이저로 나온다. 샤베트처럼 입안에서 부드럽게 녹는다.

로비오 ლობიო, Lobio

조지아식 콩 수프이다. 붉은 강낭콩으로 만든 것으로 팥죽같이 걸쭉하고 구수하다. 맛은 담백하고 짭짤하다. 조금만 먹어도 포만감을 줘서 든든한 건강식으로 제격이다. 주로 사이드 메뉴로 시키곤 했다.

⬆ 구수한 로비오.

추르츠켈라 ჩურჩხელა, Churchkhela

추르츠켈라는 호두, 피스타치오 등의 견과류를 실에 꿴 뒤 포도, 자두 등의 과일 주스가 들어간 밀가루 반죽에 여러 번 담가 말린 새콤달콤한 간식이다. 고구마 말랭이의 질감과 비슷하고 와인의 안주로 잘 어울린다. 색이 선명하고 윤기가 도는 추르츠켈라는 만든 지 얼마 안 된 것이니 눈으로만 감상하는 것이 좋다. 색이 바래 표면에 흰 가루가 덮인 것이 잘 건조되어 쫄깃하고 맛있는 추르츠켈라이다.

❶ 만든 지 얼마 안 된 추르츠켈라. 색이 선명하고 예쁘다.

❶❶ 잘 건조되어 먹기 딱 좋은 추르츠켈라.

❶❶❶ 추르츠켈라는 이렇게 한입 크기로 잘라먹는다. 달콤하고 쫄깃하다.

❶❶❶❶ 삼각형 모양으로 반듯하게 접혀있는 저 디저트는 뜨끌라삐(ტყლაპი, Tklapi)라고 부른다.
과일을 삶고 농축시켜 얇게 펴 말린 것이다. 추르츠켈라를 파는 곳에서 함께 볼 수 있다.

▸ 샤비 클리아비 შავი ქლიავი, Shavi Kliavi

내가 정말 좋아해서 자주 사 먹었던 과일이다. '샤비შავი'는 조지아어로 검은색, '클리아비ქლიავი'는 자두를 뜻한다. 즉, 샤비 클리아비는 '검은색 자두'인데, 한국에서는 한 번도 보지 못했다. 마치 큰 포도알 같이 생겼고 안은 노랗다. 맛은 자두, 천도복숭아, 거봉을 합친 것 같다. 달콤하고 상큼한데, 먹기도 편리하고 값도 저렴해서 항상 한 봉지 가득 사 먹었다.

🔴 주말의 점심 식사. 한국에서 가져온 짜파게티와 고추참치 그리고 샤비 클리아비를 먹었다.

🔴 조지아 친구와 함께하는 평범한 점심 식사. 트빌리시 기차역 푸드코트에서 먹었다.

02

탈 때마다 신기했던 조지아 대중교통

주변을 둘러볼 여유를 선사하는 지하철

"사드구리스 모에다니, 볼로 가체레바."

სადგურის მოედანი, ბოლო გაჩერება.

Sadguris moedani, bolo gachereba.

"이번 역은 종착역인 사드구리스 모에다니 역입니다."

아침에 부랴부랴 문밖을 나서 잠이 덜 깬 상태로 지하철에 올라타고 이 안내방송이 들려오면 하루의 시작을 진정으로 맞이하고 있음을 느낄 수 있었다. 조지아의 지하철은 모든 게 신기한 '여행자'와 모든 게 일상인 '사는 사람' 그 중간에 멍하니 서 있는 것 같은 느낌을 주는 동시에, 내가 조지아에 있다는 사실을 더욱 실감 나게 만들어 주었다. 낡고, 시끄럽고, 인터넷도 되지 않는 지하철이지만 조지아 지하철은 조지아만의 때 묻지 않은 매력을 가장 잘 보여주는 곳이다.

조지아의 지하철인 '매트로^{მეტრო, Metro}'는 오직 수도인 트빌리시에만 존재한다. 총 두 개의 노선을 가진 매뜨로는 트빌리시 이곳저곳을 관통하며 시민들의 발이 되어준다. 구소련 시절 건설된 흔적이 남아있어서 그런지 조지아의 지하철은 아주 깊고, 깊은 만큼 에스컬레이터 속도는 매우 빠르다. 그래서 꼭 손잡이를 잘 잡고 타야 한다.

처음 지하철을 타고 난 뒤 하나의 계획을 세웠다. 그건 바로 '조지아의 모든 지하철역에 가보기'였다. 모든 역을 합쳐도 총 22개이니 충분히 가능하리라 생각했다. 그리고 시간이 날 때마다 실천에 옮겼다. 아블라바리 Avlabari 역처럼 오래되어 어둡고 낡은 지하철역과 사헬므찌포 우니베르시떼띠State University 역처럼 생긴 지 얼마 안 되어 밝고 깨끗한 역이 공존했다. 흥미로웠던 건 역사 내에 있는 간이 화장품 가게였다. 화장품 가게가 들어선 역들이 몇 있었는데, 투명한 가림막 안으로 정갈하게 정리된 화장품들이 매번 눈길을 사로잡았다. 그 밖에도 역사 내에는 종교용품을 파는 곳, 빵집, 카페 등이 들어서 있다. 지하철역마다 화장실이 있는지도 궁금해서 찾아보았다. 갤러리아 몰Galleria Mall 내의 화장실을 이용하면 되는 자유 광장Liberty Square 역을 제외하고는 화장실이 있는 역을 찾기 어려웠다. 물론 지하철역에 근처에 50테트리에서 1라리 정도의 돈을 지불하고 이용할 수 있는 유료 화장실들이 있다.

지하철을 이용할 때면 나는 아주 튼튼한데, 거뜬히 서서 갈 수 있는데 이유 없이 나에게 자리를 양보하는 사람들이 많았다. 내가 외국인이어서 그랬던 걸까. 가끔 이렇게 이유 없는 호의를 받으면 어찌할 줄을 몰랐다. 조지아 사람들은 너 나 할 것 없이 늘 노인과 아이들에게 자리를 양보한다. 자리가 있어도 앉지 않고 서서 가는 젊은이들을 많이 보았다. 한국에 다녀온 한 조지아 직원은 사람들이 지하철에서 다 핸드폰에만 집중하고 있어서 자기가 대신 할머니의 자리를 양보한 적이 있다고 말해줬다. 아마 조지아 사람들은 한국 지하철에 노약자석, 임산부석이 따로 마련되어 있는 것이 무척 신기하다고 생각할 것이다.

오래된 지하철은 요란한 소리를 내며 거침없이 달린다. 지하철 내 소음이 크다 보니 작은 대화도 나누기 어려웠다. 친구와 지하철을 탄 뒤, 말없

↑ 빨간색 디자인과 노란색 불빛이 트레이드 마크인 조지아 지하철.

↑ 깊고 빠른 지하철 에스컬레이터.

• 트빌리시 매뜨로 _ Tbilisi Metro

- 1회 50테트리(약 250원)
- 6am~12am
- ttc.com.ge

• 매뜨로머니 카드 _ Metromoney Card

- 카드 구매 비용 : 2라리(약 1,000원)
- 이용 가능한 대중교통 : 지하철, 버스, 마르슈뜨까, 케이블카

* 교통카드 구매와 충전은 사람들이 줄 서 있는 매표소에서 직원을 통해 하면 된다.
* 카드 구매 후 한 달 이내, 구매 영수증과 함께 반납하면 2라리를 돌려받을 수 있다.

이 조용히 웃고 가는 것도 좋은 추억이 되었다. 지하철을 탈 때면 괜히 핸드폰의 사진첩만 들락날락하다가 그냥 주머니에 넣어버리곤 했다. 지하철 안에서는 인터넷, 통화, 문자가 다 안되기 때문이다. 지하철 안 조지아 사람들의 시선은 핸드폰에만 가 있지 않다. 음악을 듣거나 책을 보기도 하고 생각에 잠기거나 무언가를 열심히 적거나 그리기도 한다.

나는 지하철을 탈 때면 광고판의 조지아 글자를 읽어보는 일로 시간을 보냈다. 더듬더듬 읽어 내려가다가 그 뜻을 맞췄을 때의 짜릿함이란. 영어로 쓰여 있는 걸 먼저 읽으면 금방 맞출 수 있으니까 일부러 영어를 가리고 글자들을 천천히 읽어 내려갔다. 혼자 조지아어와 씨름하다 보면 어느새 도착지를 알리는 안내방송이 들렸다. 조지아 지하철은 내가 정말 조지아에 있다는 사실을 깨닫게 해주는 동시에 익숙하고 편안한 공간으로써의 즐거움을 선사했다. 핸드폰 말고 주변을 둘러보고 관찰하고 사색할 수 있게 만드는 소중한 시간을 말이다.

버스와 귀여운 마르슈뜨까

조지아의 버스는 두 종류가 있다. 먼저 한국처럼 정해진 정거장에서만 승·하차하는 일반 버스와 정해진 구간 내에서라면 원하는 곳에서 승·하차할 수 있는 마르슈뜨까მარშრუტკა, Marshrutka 이렇게 두 가지이다. 트빌리시에서는 일반 버스와 마르슈뜨까 모두 정거장마다 설치된 전광판에 도착 예정 시간이 뜨기 때문에 어렵지 않게 이용할 수 있다. 지하철에는 무임승차를 철저하게 단속하는 역무원이 개찰구 앞을 지키고 서 있는데, 버스에서는 초록색 유니폼을 입은 승무원이 가끔 동행한다. 버스를 타고 매프로머

• 트빌리시 매뜨로 노선도

○ Akhmeteli–Varketili Line 아흐메뗄리-바르께틸리 라인
○ Saburtalo Line 사부르탈로 라인

⬆ 28번 일반 버스가 트빌리시 동네 이곳저곳을
누비고 있다.

⬆ 매번 기사님과 인사를 주고받았던 90번
마르슈뜨까.

• 트빌리시 버스

😊 1회 50테트리(약 250원)

🌐 ttc.com.ge

• 트빌리시 마르슈뜨까

😊 1회 30테트리~1리라(구간에 따라 다름)

🌐 www.tm.ge

니 카드를 태그하면 작은 종이 영수증이 출력되는데 이 영수증을 꼭 잘 가
지고 있어야 한다. 불시에 승무원이 검사를 할 수 있기 때문이다.

마르슈뜨까는 일반 버스보다 작은 소형 승합차 형태의 노란색 미니 버
스다. 일반 버스에서는 요금을 승차할 때 먼저 내는데, 마르슈뜨까는 하차
할 때 요금을 낸다. 요금은 운전석 옆에 있는 단말기에 매뜨로머니 카드를
태그하거나 현금을 낼 거라면 기사님께 바로 건네드리면 된다. 손이 재빠
른 기사님은 버스 유리창 앞에 차곡차곡 진열된 동전을 골라 신속하게 거

스름돈을 건네주신다. 자주 만나는 마르슈뜨까 기사님께서는 늘 "가마르조바!"라고 큰 목소리로 정겹게 인사해 주셨다.

조지아에 온 지 얼마 안 되었을 때 이 마르슈뜨까에서 특별한 경험을 했다. 출근길 이곳 안에서 익숙한 멜로디를 들었는데, 자세히 들어보니 한국 가수 수지와 백현이 부른 'Dream'이라는 노래였다. K-Pop의 물결이 이 작은 마르슈뜨까까지 전달됐다는 생각에 절로 미소가 번졌다. "이 노래 아는 사람 어디 없나요?"라고 묻고 싶었지만, 그저 마음속으로만 조용히 따라 부르며 창밖을 바라봤다. 낯선 공간 속에서 이 노래를 듣고 있으니 기분이 정말 묘했다.

마르슈뜨까는 조지아 방방곡곡으로 시민들을 데려다준다. 마르슈뜨까를 타고 긴 여행을 떠날 수도 있는데 지하철 아블라바리Avlavari 역, 디두베Didube 역 등에 마르슈뜨까들이 모여있는 정거장이 있다. 이곳에서 마르슈뜨까를 타면 조지아의 다른 지역은 물론 아르메니아까지도 갈 수 있다. 한 번은 디두베 역에서 므츠헤타Mtskheta로 가는 마르슈뜨까를 탔는데 요금을 대신 내주겠다는 조지아 분을 만났다. 괜찮다고 극구 사양했는데도 그냥 타라면서 선의를 베풀어주셨다. 이유 없는 친절함에 또 한 번 마음이 뭉클해졌다.

미터기 없는 택시와 이웃 나라까지 가는 기차

트빌리시에는 택시가 아주 많이 다니므로 쉽게 잡을 수 있다. 그런데 택시 안에는 요금을 산출하는 미터기가 따로 없다. 그래서 보통 택시를 잡을 때 기사님께 먼저 목적지를 말하고 가격을 흥정한 뒤 서로 합의가 되면 타곤 했다. 엉뚱하게 높은 가격을 제시하는 경우가 있는데, 그럴 때는 그냥 괜찮다고 말하고 다른 택시를 이용하는 것이 좋다. 가장 좋은 방법은 택시 어플을 활용하는 것인데 나는 '얀덱스^{Yandex}' 어플을 이용했다. 이 어플은 현재 위치와 목적지를 선택해 택시를 호출할 수 있고 가격도 미리 알 수 있어서 편리하게 이용했다.

택시를 탈 때는 항상 동전을 넉넉히 준비하는 것이 좋다. 택시를 타고 돈을 냈는데 거스름돈이 없다며 거스름돈을 받지 못한 적이 있었기 때문이다. 특히 화폐단위가 큰 경우에는 요금을 거슬러 받기 쉽지 않을 수 있으니 동전을 잘 준비하도록 하자.

기차도 시민들의 소중한 발이 되어준다. 사드구리스 모에다니 지하철역에서 내려 밖으로 나와 조금만 걸으면 바로 '트빌리시 기차역^{თბილისის} $^{ცენტრალური სადგური, Georgian Railway Terminal}$'이 보인다. 기차역 안에는 쇼핑몰과 푸드코트도 함께 자리하고 있다. 기차역 근처에서 찐 옥수수를 사가도 좋고 푸드코트에서 하짜뿌리와 케이크 등의 디저트를 사 먹는 것도 쏠쏠한 재미이다.

트빌리시에서 기차를 타면 바투미^{Batumi}, 주그디디^{Zugdidi} 등 조지아 구석구석은 물론 이웃 나라 아르메니아와 아제르바이잔으로도 이동할 수 있다. 매표소에는 항상 사람이 붐빈다. 나는 인터넷으로 기차표를 사려면 어디로 들어가야 되는 지도 모르겠고, 어렵고 불안하기도 해서 항상 며칠 전에 미리 기차역을 방문해 표를 구매했다. 외국인은 꼭 여권을 지참해야 한다.

나는 이 기차를 타고 조지아 친구의 고향인 압바샤^{Abasha}와 아제르바이 잔 바쿠^{Baku}에 방문한 적이 있다. 바쿠로 향하는 기차는 저녁 7시 45분에 출발하여 약 13시간을 달려 다음 날 아침 8시 55분에 도착한다. 밤새 달리는 야간열차인 것이다. 몇 인실 칸에 머무를 건지에 따라 가격이 달라진다.

기차를 타고 국경을 넘어 다른 나라의 땅을 밟는 것, 나에게는 정말 색다른 경험이다. 트빌리시 기차역에서 약 한 시간을 달려 아제르바이잔으로 넘어가는 국경인 라고데키^{Lagodekhi}에 다다르면 기차가 잠시 멈춘다. 사람들은 역무원의 호명에 따라 출입국 관리 칸에 들어가 비자와 여권 수속을 밟는다. 잘못한 것도 없는데 매번 긴장되는 순간이었다. 아제르바이잔으로 가려면 한국인들은 비자가 필요한데 기차로 가는 경우에는 미리 인터넷으로 비자를 발급받아 종이로 출력해가면 된다.

한 시간가량의 수속을 마치면 기차는 다시 바쿠를 향해 느리지만 꾸준하게 달린다. 겉으로 보기엔 아주 오래된 기차였지만 내부는 참 쾌적했다. 깨끗한 이불과 베개도 제공해 주기 때문에 편하게 갈 수 있었다. 종착지가 다가오니 익숙한 멜로디가 흘러나왔다. 바로 '백만 송이 장미' 노래였다. 조지아인, 한국인 모두 따라 부르는 이 노래에 맞춰 짐을 싸고 내리니 조지아와는 확연히 다른 아제르바이잔의 묵직한 공기가 나를 맞이해주었다.

- **조지아 기차 Georgian Railway**
  🌐 www.tkt.ge/railway

🔺 바쿠로 가는 오래된 열차. 객실은 아주 깨끗하다.

진짜 조지아 감성, 리카네 시골집

부활절, 리카네 시골집에 가다

조지아의 최대 공휴일인 부활절^{Easter}을 맞아 4일간의 휴가가 생겼다. 나는 같이 일하는 동료 Y와 함께 조지아 친구 리카^{Lika}의 고향인 '제스따포니^{ზესტაფონი, Zestafoni}'에 함께 가기로 하였다. 리카는 한국을 정말 좋아하는 친구이다. 리카가 K-Pop 춤을 연습하러 왔을 때 처음 만났는데 그날 불닭볶음면을 같이 끓여 먹으면서 친해졌다. 그렇게 인연이 되어 우리는 종종 함께 시간을 보냈고 조지아와 한국의 같은 점과 다른 점에 관해 이야기하며 놀았다.

부활절은 조지아에서 가장 중요하게 여기는 공휴일이다. 매년 봄에 찾아오는 부활절은 온 가족이 만나 맛있는 음식을 먹고 그동안 못했던 이야기를 나누고 기도하는 행복한 명절이다. 꿈만 같았던 시간. 그때의 모든 순간을 빠짐없이 기억하고 싶어 기록해놨던 일기장을 이곳에 다시 펼쳐본다.

Day 1

- 트빌리시 우리 집
- 트빌리시 몰Tbilisi Mall 까르푸Carrefour
- 수라미Surami
- 제스따포니 시장
- 제스따포니 시골집

아침을 빨리 맞이하고 싶었나 보다. 어린 시절 소풍 가던 날처럼 눈이 번쩍 떠졌다. 4월이 되니 봄기운이 확연히 느껴졌다. 커튼을 걷으니 빛이 일직선으로 쏟아졌다. 부랴부랴 씻고 Y와 마트에 가서 리카네 고향집에 선물로 가져갈 귀여운 닭이 그려진 접시 세트를 구매했다. 서둘러 준비를 마치고 집을 나서니 리카와 리카 부모님께서 기다리고 계셨다.

설레는 마음을 가득 안고 차에 올라탔다. 리카 어머니인 마카와 아버지 겔라는 세련되고 멋진 분이시다. 리카 어머니는 정말 아름다우셨는데 꾸미는 걸 아주 좋아하는 분이라고 했다. 리카가 말하기를, 리카의 졸업 파티 날에 리카는 미용실에 가질 않았는데 어머니는 미용실에 가서 본인보다 더 화려하게 꾸미셨다고 했다. 정말 재밌는 가족이다. 무엇보다 신기했던 건 리카가 부모님을 이름으로 부르는 것이었다. "마카!", "겔라!" 이렇게 말이다. 내가 한국에서 부모님을 이름으로 부르면 정말 이상할 것 같은데 여기서는 자연스러운 것이라고 한다. 리카가 어릴 때는 부모님을 엄마, 아빠라고 불렀지만 크고 나서는 이름을 부른다고 했다. 엄마, 아빠라고 부르기엔 이제 낯간지럽단다.

구름이 뭉게뭉게 떠 있고 살짝 열린 창문 틈으로 불어오는 바람은 시원
하고 기분은 몽글몽글했다. 트빌리시 몰에 있는 까르푸에 잠깐 들러 장을
보기로 했다. 다들 부활절 장을 보러 왔는지 사람이 많았다. 우리도 한가
득 장을 보았다. 리카의 손놀림이 정말 재빨랐다. 한 치의 고민도 없이 물
건들을 담는 모습이 귀여웠다. 무당벌레 패턴 포장을 한 젤리가 맛있다며
봉지에 한 움큼 담았다. 과자랑 탄산음료, 그리고 빼놓을 수 없는 추르츠
켈라도 챙겼다.

제스따포니로 가는 길에 수라미ს უ რ ა მ ი, Surami지역에서 파는 특별한 빵인
나주키ნ ა ზ უ კ ი, Nazuki를 사 먹었다. 군고구마 냄새가 났는데 달콤하니 맛있
었다. 수라미는 하마끼ჰ ა მ ა კ ი, Hamaki라고 불리는 해먹을 만드는 장인들이
많이 거주하는 곳이다. 그래서 그런지 길가 여기저기서 해먹을 팔고 있었
다. 해먹에서 잔잔하게 시간을 보내는 사람들을 보니 내 마음도 평화로워
졌다.

차에서 바라본 바깥 풍경들이 아름다웠다. 코카서스산맥도 보이고 초록
색 나무가 무성한 길도 지나갔다. 가는 길 내내 차에서 신나는 노래를 들
었다. 어디서 많이 들어본 노래가 나왔는데 한국 가수 진주가 부른 '난 괜
찮아'의 원곡이었다. 리카에게 한국 버전을 들려주었는데 이미 알고 있다
고 했다. 이 노래를 어떻게 알지? 한국을 좋아하는 리카는 정말 한국에 대
해서 모르는 게 없다.

조금 더 달려 제스따포니 시장에 도착했다. 부활절을 앞두고 있어서 그

런지 시장은 활기가 넘쳤다. 부활절에 먹는 빵인 빠스까^{პასკა, Paska}와 새로운 생명, 부활, 영원을 상징하는 밀싹인 제질리^{ჯეჯილი, Jejili,} 그리고 추르츠켈라가 시장 곳곳을 채우고 있었다.

⬆ 제스따포니로 출발! 리카 어머니 마카, 아버지 겔라와 함께했다.
⬆⬆ 달달한 빵, 나주키. 어린 시절 차를 타고 가다 술빵을 사 먹었던 기억이 떠올랐다.
⬆⬆⬆ 부활절을 앞둔 제스따포니 시장.

● 부활절에 먹는 빵인 빠스까.

● 부활을 상징하는 밀싹 제질리.

아마 제스따포니 시장에 온 한국인은 우리가 최초였나보다. 한국 사람이 두 명이나 있으니 온 시장 사람들이 궁금해하고 말을 걸었다. 이곳저곳 구경하며 이야기를 나누는데 갑자기 한 아저씨께서 헤이즐넛 한 봉지를 선물로 주셨다. 따뜻한 관심과 친절에 너무나도 감사했다.

"가마르조바, 가마르조바!"

드디어 리카 할머니, 할아버지 댁에 도착했다. 고요하고 푸르른 풍경 속에 집이 자리 잡고 있었다. 옛날 모습 그대로라고 한다. 리카의 가족분들이 정말 반갑게 맞이해주셨다. 만약 나였다면 설날이나 추석 같은 명절에 조지아 친구를 시골집에 데려갈 수 있었을까? 상상이 잘되지 않았다. 이곳에서는 너무나도 거리낌 없이 리카의 친구들이 저 멀리서 비행기 타고 왔다며 두 팔 벌려 환영해 주었다. 동네방네 인사를 드리면서 우리를 소개하느라 정신이 하나도 없었다.

가장 반겨주신 분은 리카의 할머니, 할아버지셨다. 우리는 리카를 따라 할머니를 베비아ბებია, Bebia, 할아버지를 바부아ბაბუა, Babua라고 불렀다. 먼저 허기진 뱃속부터 달랬다. 할머니께서 많은 요리를 준비해 주셨다. 할머니는 우리가 오는 이날만을 손꼽아 기다리셨다고 했다. 빵부터 시작해 치즈, 쉬크메룰리, 야채 볶음, 그리고 당연히 함께해야 할 크베브리 와인까지. 정성이 가득한 수프라Supra가 차려졌다. 할머니께서 타마다Tamada 역할을 맡으셨다. 대낮부터 "가우마르조스!" 소리가 제스따포니 온 마을에 울려 퍼졌다.

⬆ 할머니께서 이메룰리 하짜뿌리를 만들어 주셨다.
⬆⬆ 제스따포니에서의 수프라.
⬆⬆⬆ 리카의 시골집 마당에 크베브리가 있었다.
⬆⬆⬆⬆ 리카의 오랜 친구, 기오르기.

왜 푸시킨이 조지아의 음식이 '시'와 같다고 말했는지 단번에 이해가 됐다. 할머니께서 직접 만드신 뜨끈뜨끈한 이메룰리 하짜뿌리와 묵직한 크베브리 화이트와인을 곁들이니 정말 시적 영감이 절로 떠오르는 것만 같았다. 야채 볶음에 고수가 듬뿍 들어가는 바람에 졸지에 야채를 안 먹는 사람이 되어버렸지만 아무렴 어때, 하짜뿌리와 와인만으로 이미 조지아 전체를 입에 다 머금은 것 같았다. 할아버지와 할머니 그리고 가족들 모두 술을 잘 드셨다. 리카는 와인도 좋지만 짜짜가 최고로 좋다고 한다. 한국 소주는 물 탄 맛이라나. 할머니께서 짜짜를 권하셨는데 너무 써서 Y와 나는 한 모금도 못 마셨다. 진한 와인 한 잔에도 이미 어질어질해졌다. 아직 제스따포니 구경도 못 했으니 와인은 여기서 그만.

식사를 마치자마자 리카의 오랜 친구라는 옆집 기오르기네에 놀러 갔다. 역시 기오르기라는 이름이 참 많다. 기오르기는 얼마 전 결혼을 했단다. 한국과 비교해 보면 조지아 사람들은 정말 일찍 결혼하는 편이다. 고등학교를 마치자마자 결혼한 친구들도 많다고 한다. 리카가 오랜만에 만나는 기오르기와 스스럼없이 장난치는 모습이 즐거워 보였다. 리카네 집 마당으로 이어지는 풀밭에도 놀러 갔다. 조용하고 평화롭고 여유롭고 따뜻했다.

🔺 리카네 앞 이웃집에서 간식을 배부르게 먹었다. 빠스까와 황도가 맛있었다.

⬆ 리카네 또 다른 이웃집에서 붉은 달걀과 빠스까 만드는 것을 구경했다.

이번에는 리카네 앞 이웃집에서 잔치가 열렸다. 빠스까와 과일, 그리고 또 크베브리 와인이 차려졌다. 처음 본 이들에게도 아낌없이 내주는 이웃들이었다. 어떻게 그렇게 먼 곳에서 조지아까지 오게 되었냐며 온 동네 사람들이 궁금해했다. 국적, 언어, 나이, 문화 등 모든 게 다른 사람들이 모였지만 웃음소리는 끊이지 않았다.

저녁에는 기오르기네 집에서 잔치가 펼쳐졌다. 식탁에 다시 한번 수프라가 차려졌다. 어른들의 호탕한 건배사가 분위기를 더욱 무르익게 했다. 리카가 이렇게 이웃들과 가족처럼 지내는 모습이 신기하기도 하고 부럽기도 했다. 이미 늦은 시간이었지만 또 다른 이웃집에 놀러 가 붉은 달걀과 빠스까 만드는 것을 구경했다. 오븐에서 갓 꺼낸 동글동글한 빠스까가 먹음직스러웠다. 다시 돌아온 리카네 집 마당에서 올려다본 하늘에는 셀 수 없이 밝게 빛나는 별들이 당장이라도 눈앞으로 쏟아질 것만 같았다.

Day 2

"딜라 므쉬비도비사ლოა მშვიდობისა, 좋은 아침입니다!"

날이 밝았다. 평화롭고 여유로운 아침이었다. 날씨는 여전히 맑고 따뜻했다. 가족들은 이미 아침을 먹었다고 해서 리카와 Y랑 늦은 아침을 함께 했다. 감자볶음을 먹었는데 고소하니 맛있었다. 아침을 다 먹고 마당에서 티타임을 가졌다. 시골집 강아지 미키가 자기도 먹고 싶은지 우리 주변을 떠나지 않았다. 커피를 마시면서 리카 아버지 젤라의 어린 시절 사진 앨범을 펼쳐보았다. 아버지가 정말 잘생기셨다. 옛날 서부 영화에 나오는 배우 같았다. Y와 나는 아버지가 어쩜 이렇게 훤칠하시냐며 감탄사를 연발했다.

웃고 떠들다 보니 금세 허기가 졌다. 부엌에서는 벌써 점심 준비가 한창이었다. 또 한 번 진수성찬이 차려졌다. 푸짐하게 점심을 챙겨 먹은 뒤 2층 리카 방에서 마이크를 연결해 노래를 불렀다. 방탄소년단의 '봄날'과 빅뱅의 '뱅뱅뱅' 등등. 한적한 제스따포니 마을에서 K-Pop 노래가 울려 퍼졌다. 그들은 알까. 이렇게 먼 조지아의 작은 시골 마을에서도 K-Pop을 너무나 사랑하는 사람들이 있다는 걸. 한참을 놀다 보니 졸음이 밀려왔다. 달콤한 낮잠에 빠졌다. 먹고 놀고 자고의 연속이었다.

   한 시간쯤 잤을까. 리카가 숲속에 있는 빈집에 가서 놀자고 해서 발걸음
을 옮겼다. 길에서 리카 삼촌을 만났다. 진짜 삼촌이 아니어도 동네 이웃
들을 그냥 편하게 삼촌이라고 부른단다. 검정 소도 유유자적 놀고 있었다.
빈집 앞 벤치에서 해바라기씨와 콜라, 감자칩 등을 펼쳐놓고 수다 삼매경
에 빠졌다. 뭐가 그렇게 재밌는지 배를 잡고 깔깔 웃었다. 매일이 오늘만
같았으면 좋겠다고 생각했다. 날은 금방 저물었다. 안개가 껴 있어서 그런
지 집으로 돌아가는 길의 공기에서 새벽 냄새가 났다. 늦은 저녁을 먹고
머리를 감고 영화를 보고 하늘을 수놓은 별도 보면서 떠나보내기 싫은 하
루를 마무리했다.

🔺 강아지 미키와 달콤한 간식들. 유리볼에 담긴 저 무당벌레 패턴 젤리가 정말 맛있다. 까르푸에서 판다!

⬆ 시골집에 놀러온 조카들의 빨래가 귀엽게 걸려있다.

⬆⬆ 평화로워 보이는 검정 소. 길 아무 데서나 소를 마주치는 게 신기했다.

⬆⬆⬆ 숲속에 위치한 빈집.

⬆⬆⬆⬆ 빈집 앞 벤치에서 과자를 먹으며 시간 가는 줄 모르고 수다를 떨었다.

Day 3

- 제스따포니 시골집
- 성묘하는 곳
- 제스따포니 시골집

부활절 아침이 밝았다. 일찍 눈이 떠졌다. 리카와 Y가 잘 동안 혼자 뒷마당을 구경하고 가족들과 아침도 먼저 먹었다. 오늘은 부활절 일요일 Orthodox Easter Sunday 이어서 리카네 가족들과 다 같이 성묘하러 가기로 한 날이었다.

"크리스떼 아흐스드가 ქრისტე აღსდგა, Christ is risen!"
"쩨쉬마리따드 아흐스드가 ჭეშმარიტად აღსდგა, Truly He is risen!"

성묘하러 가는 길에는 부활절을 축하하는 인사가 여기저기서 들려왔다. 성묘하는 곳에 도착해보니 리카의 친척과 이웃들이 이곳에 다 모여있었다. 조지아의 묘지 비석에는 돌아가신 분을 기억하기 위해 생전의 모습이 그림으로 새겨져 있다. Y와 나도 붉은 달걀을 놓고 와인을 따라 드리며 함께 성묘했다. 성묘가 끝난 뒤, 보라색 라일락이 활짝 핀 정자 아래에서 가져온 음식을 한데 모아 먹으며 다 같이 이야기꽃을 피웠다.

한국인이 신기한지 성묘하러 온 아이들이 계속 관심을 가졌다. 친해지고 싶어서 말을 걸었는데 아이들은 쑥스러운지 쭈뼛쭈뼛하기만 했다. 계

🔴 성묘하는 곳에서 이웃들과 음식을 나눠 먹었다.

속되는 인사에 응답이라도 하듯 아이들이 갑자기 술래잡기 놀이를 하자고
했다. 풀숲 사이를 헤쳐가며 정신없이 아이들을 잡으러 다녔다. 서로 말이
하나도 안 통하니 그저 더 격렬하게 뛰어다닐 수밖에. 땀을 뻘뻘 흘리면서
환한 웃음을 짓는 아이들을 보니 내 체력은 바닥났지만, 행복은 넘쳤다.
역시 아이들에게 주는 최고의 선물은 잘 놀아주는 것인가 보다. 이름도 잘
모르는 서로였지만 이렇게나 서로에게 집중했다니 그걸로 대단히 멋진 시
간이었다. 훗날 아이들이 부활절에 함께 놀았던 이 시간을 기억해 주었으
면 좋겠다.

리카네 집으로 돌아오는 길에 이웃분이 시큼한 뜨께 말리 열매를 딴 뒤 맛보라고 건네주었다. 길거리 열매를 따 먹고 놀러 다녔던 어린 시절 추억이 생각났다. 집에 돌아오자마자 다시 침대로 직행, 또다시 달콤한 낮잠에 빠졌다. 마음이 편해서 그런지 잠도 잘 왔다. 두어 시간 자고

🔼 하늘은 파랗고 주위에는 꽃내음이 가득했다.

일어나니 바로 저녁 먹을 시간이었다. 즐거운 식사를 마치고 이웃들과 함께 카드 게임을 했다. 여전히 밤하늘은 예뻤다. 떠나보내기 아쉬운 마지막 밤이 저물어갔다.

🔽 성묘하고 나서 집에 돌아가는 길. 산의 모습이 정갈해서 그림 같았다.

Day 4

연휴 내내 날씨가 이렇게나 좋았던 건 정말 행운이다. 구름 한 점 없는 맑은 날씨였다. 리카랑 Y가 잘 동안 또 먼저 나왔다. 길가에 앉아서 이 시간이 최대한 천천히 흘러가면 좋겠다고 생각했다. 오롯이 현재에만 집중하고 싶었다. 이미 지나간 과거도, 오지 않은 미래도 그 순간만큼은 내 머릿속으로 초대하고 싶지 않았다. 100% 완벽한 현재는 없다는 게 서글펐다. 시간은 야속하게 흘렀고 제스따포니에서의 마지막 만찬이 우리를 기다리고 있었다.

베비아가 이번에도 와인을 권하셨는데, 리카가 차를 오래 타야 한다고 마시지 않는 것이 좋을 거라고 했다. 아쉽지만 와인은 뒤로하고 식사 후 가족들과 커피 타임을 가졌다. 상냥하고 친절한 리카의 사촌 루소가 튀르키예식 커피점을 봐주었다. 내가 조지아에서 생각보다 오래 있을 운명이라고 했다. 한 치 앞도 모르는 미래인데 정말 그럴까? 마당에서는 팝콘 파티가 벌어졌다. 리카네 가족과 기오르기네 가족이 모두 모였다. 마당은 시끌벅적한 웃음소리로 채워졌다. 연휴 내내 함께하며 친해진 루소는 한국 메이크업이 너무 예쁘다며 줄곧 내게 칭찬했다. 아쉬운 마음을 달래고자

138

루소에게 한국식 메이크업을 해주었다. 루소가 마음에 들어 했다.

이제 정말 떠날 시간. 베비아가 우리를 차례대로 무릎에 앉히고 꼭 안아주셨다. 그 순간 우리는 울음보가 터져버렸다. 베비아, 리카, Y 모두 아쉬움에 눈물을 멈추지 못했다. 그 새 정이 많이 들었나 보다. 이곳에 꼭 다시 오겠노라고 몇 번이나 약속하고 우리는 트빌리시로 향하는 차에 올라탔다. 시골집에서의 하루하루는 마치 시간을 잊은 것처럼 흘러갔다. 시간의 속도와 내 발걸음의 속도가 일치해서 시간이 가는 것을 인지하지 못하는 느낌. 늘 시간에 쫓겨 초조했던 일상에서 벗어나 하루를 온전히 살고 있다는 느낌. 내가 시골집에서 보낸 시간은 그러했다. 그 꿈만 같았던 날들은 여전히 내 마음속에 남아 반짝거린다.

금방이라도 쏟아질 것만 같은 별들이 흐드러지게 수놓은 시골 밤하늘, 온 가족이 식탁에 둘러앉아 즐긴 홈메이드 크베브리 와인의 맛, 붉은 달걀과 간식을 한 움큼 안고 성묘하러 가던 길, 꼬마들과 술래잡기하며 흘리던 땀, 그리고 모든 동네 이웃들과 친구가 되었던 시간까지. 그 모든 기억이 언제까지나 선명하게 남아있기를.

🍃 뭐니 뭐니 해도 사람 🍃

"잘리안 미끄바르하르!"
ძალიან მიყვარხარ!
Dzalian miqvarkhar!
"정말 사랑해요!"

따사로운 주말 오후, Y와 함께 올드 트빌리시 온천에 가기 위해 집을 나선 길이었다. 이것저것 신기한 것이 많아 구경하며 가던 도중 동네 할머니께서 우리를 보고 환한 웃음을 지으며 말을 건네셨다. 그러더니 너무 반갑다고, 정말 사랑한다고 말씀해 주셨다. 그래서 우리도 정말 사랑한다고, 감사하다고 말씀드렸다. 이렇게 길을 가다가 처음 만난 사람에게 대뜸 사랑한다고 말할 수 있을까? 짧은 인사였지만 할머니의 따뜻한 인사에 더없는 행복을 느꼈다.

낯선 환경 속에서도 나를 위로해 주고 기쁘게 해 주었던 건 역시 사람이었다. 어렸을 때를 빼고는 동네 사람들과 인사를 하며 지낸 게 언제였는지 기억이 잘 나질 않는데, 이곳 조지아에서는 걸어 다니는 길마다 인사를 하느라 바빴다. 심지어 출근길에는 필수 인사 코스가 있었다. 먼저 집을 빠져나와 코너를 돌면 과일 가게에서 일하는 직원분이 항상 밝은 목소리로 '딜라 므쉬비도비사.'라고 말하며 아침 인사를 건네주셨다. 또 지하철을 타고 자유 광장 역에 내려서 조금만 더 걸어가면 택시들이 모여있는 곳이 있었는데 그곳 택시 기사님께서도 늘 반갑게 인사해 주셨다. 항상 조지아 말로 많은 것을 여쭤보셔서 못 알아들을 때가 많았지만 손짓과 발짓을 동원해 어찌어찌 즐겁게 대화를 이어 나갔다. 몇 걸음 더 가서는 회사 아래 위치한 조지아 식당에서 아르바이트하는 청년 이라클리와 베카에게 인사했다. 이라클리는 흥이 많고 유쾌한 수다쟁이 청년인데 K-Pop, 그중에서도 씨앤블루의 '외톨이야' 노래를 좋아한다며 가사는 모르지만 매일같이 듣고 있다고 했다. 점심을 먹으러 나갈 때도, 퇴근 후에도 이라클리와 베카는 신나는 목소리로 인사해 주었다. 사무실에 도착하면 직원들과 포옹하며 '로고르 하르How are you?'로 안부 인사를 주고받았다.

이렇게 인사 대장정이 끝나야 비로소 하루를 시작하는 느낌이 들었다. 어쩌면 서로를 그냥 지나칠 수도 있는 상황에서 이 작은 인사는 위로가 되고 행복이 되었다. 마치 여행의 첫째 날처럼 들뜬 마음으로 걷던 조지아의 길. 그 길이 즐거울 수 있었던 건 순수한 마음으로 인사를 건네준 조지아 사람들 덕분이다.

◑ 흥 많은 친구, 이라클리.

행복한 조지아 멍멍이들

　사람만 나를 반겨주는 게 아니었다. 조지아의 길거리에는 개들이 정말 많다. 사람과 개 모두 서로를 이해하면서 함께 오순도순 살아간다. 내가 사는 동네 앞에는 늘 세 마리의 개들이 뭉쳐 살고 있었는데 얼마나 애교가 많은지 만날 때마다 꼬리를 살랑살랑 흔들며 반겨주었다. 매일같이 만나다 보니 정이 들어서 '갈순이, 샤샤, 키키'라는 이름도 지어주었다. 더우나 추우나 늘 그 자리에서 쫄랑쫄랑 놀고 있는 개들이랑 잠깐 놀다 가는 것, 그런 특별한 것 없는 일상이 나에게는 큰 행복이었다.

↑ 왼쪽부터 갈순이, 샤샤, 키키.

4

조지아에서
찾은 워라밸

올드 트빌리지에서 케이블카를 타고 내려다 본 고즈넉한 풍경

조지아도 역시 사람 사는 곳. 어느새 이곳에서의 일상에 동화되어 '니니 Nini'라는 평범한 이름으로 울고 웃고 슬퍼하고 기뻐하며 살아가게 됐다. 겉으로는 평범한 조지아 사람처럼 마음은 여행자의 들뜬 설렘으로, 두 눈은 호기심 어린 눈빛으로 그렇게 한 걸음 한 걸음 삶의 도화지를 조지아로 물들였다.

Work(일하기)

여행같은 출근

조지아에서의 하루하루는 마치 여행하는 기분이었다. 분주한 출근 시간도, 정신없이 일하는 시간도, 특별하지만 일상인 점심 식사도, 퇴근 후 한 숨 돌리는 시간도 모두 여행처럼 느껴졌다. 아침에는 항상 출근 시간보다 일찍 집 밖을 나서기 위해 노력했다. 이른 아침, 길거리 벤치에 앉아 트빌리시의 낯선 풍경을 바라보는 시간은 마치 다른 행성에 여행하러 온 것 같은 오묘한 기분을 선사해 주었기 때문이다. '오늘은 또 어떤 풍경을 만날까?'를 생각하다 보면 눈이 저절로 떠졌다. 조지아 사람들과 몸을 부대끼며 지하철에 몸을 실을 때면 내가 그저 조지아에 사는 평범한 사람 중 한 명으로 느껴졌는데 조지아어로 된 지하철 광고를 단번에 이해하지 못한다는 사실을 마주하고 나서는 '아, 나는 이방인이지.'하고 깨닫곤 했다.

역사를 빠져나오면 커피를 사 가는 사람들과 책가방을 멘 학생들, 팝콘을 튀기고 책을 펼치는 상인들로 분주한 길거리를 마주한다. 매일같이 걷는 길이지만 날마다 새로웠다. 길거리의 사람들 그리고 직원들과 한바탕 인사를 주고받은 뒤 사무실 화초에 물을 주고 나서 본격적인 업무를 시작한다. 한국에서의 직장생활이 그렇듯 이곳에서도 오전 업무를 보다 보면 금세 점심시간이 다가왔다. 10리라약 5,000원로 먹을 수 있는 점심 메뉴를 고르는 것은 한국의 직장인들이 점심 메뉴로 머리를 싸매는 것만큼 중요한 문제였다. 주로 먹는 점심 메뉴는 하짜뿌리와 힌깔리같은 조지아 음식 아니면 피자나 샌드위치. 가끔 태국 음식을 먹었다. 비슷한 메뉴가 반복되어도 그저 신기했다. 한식은 아주 가끔 먹으러 갔다. 여전히 고수가 싫은 거 빼고, 엄청 매운 떡볶이가 먹고 싶은 거 빼고는 이곳의 음식만 먹고도 충분히 살 수 있겠다는 생각이 들었다.

정신없는 하루를 보내고 회사를 빠져나오면 다시 새롭게 느껴지는 풍경이 나를 맞이했다. 그렇게 나는 여행자의 마음으로 일상의 나날을 보냈다. 이 시간이, 조지아에서 머무르는 시간이 언젠가는 끝날 것임을 알기에 1분 1초가 너무나 소중했다. 아니, 조지아와의 인연은 뗄 수 없을 것이라고 생각했다. 더 많은 것을 보고 더 깊은 경험을 하고 좋은 사람들과 이야기를 나누고 싶었다.

어디에서나 당연한 건 없어

일할 때는 내가 스스로 판단하고 결정해야 할 일들이 많았다. 어렵고 복잡했다. 명함을 하나 제작하려면 프린트샵까지 열심히 걸어가 어떤 식으로 제작해야 할지 세세히 설명해야 했고, 거래처에서 메일을 보내준다고 약속했지만 받지 못해 애가 타고 속이 타기를 반복했다. 조지아 직원과 함께 거래처에 방문해 상황을 잘 설명하고 약속을 꼭 지켜야 한다고 신신당부하는 일이 업무의 큰 부분을 차지했다. 걱정되고 답답할 때면 퇴근 후 집 근처 공원에 앉아 바람을 쐬었다. 일 때문에 힘들어도 다시 사람 때문에 웃었다. 근처에 사는 조지아 직원과 함께 공원을 걷고 아이스크림을 먹으며 미래의 꿈들을 이야기하곤 했다. 조지아의 아름다운 곳들을 다시 또 함께 가는 것, 한국 여행도 함께 하는 것, 그리고 정말로 행복하게 사는 것. 먼 훗날 일상에 치여 바쁘게 살더라도 서로 함께 나눈 꿈들은 잊지 않기로 약속했다.

예상치 못한 상황은 어디에서나 발생했다. 한국에서는 당연했던 것들이 이곳에서는 당연하지 않았다. 아니 애초에 당연한 건 없었나 보다. 일이 바쁜데 정전이 되면 전기가 다시 들어올 때까지는 어쩔 수 없이 수다를 떨며 즐거운(?) 시간을 보내야 했다. 아무리 기다려도 전기가 들어오지 않으면 카페로 자리를 옮겨 업무를 다시 보았다. 일에 대해서 정답이란 건 없었다. 몰라도 일단 해봐야 하는 게 일이었다.

조지아에 기회가 무궁무진하다는 것도 알게 되었다. 한국을 좋아하는 조지아인이 정말 많다. K-Pop 팬덤이 어마어마하다. 나도 모르는 한국 예능 프로그램을 자막 없이도 재밌게 본다. 나에게는 너무나 쉽게 접할 수 있는 것들이어서 그 소중함과 파급력을 몰랐다. 반대로 나는 조지아의 모든 것들이 신기하다. 우수한 조지아 상품에 좋은 기획과 마케팅이 더해진다면 조지아가 주목받는 건 시간문제라고 생각했다.

Life(살기)

이곳도 다 사람 사는 곳

아무리 매일 여행하는 기분이라고 해도 조지아에서 살기 위해서는 뭐든 기다릴 수 있는 인내심과 넓은 이해심을 갖춰야 했다. 무엇보다 조지아인의 도움이 정말 많이 필요했다. 열쇠를 복사하러 가는 것도 큰일이고 아파트 관리비를 내는 것도 큰일이었기 때문이다. 전기세를 제때 안 내서 전기가 갑자기 끊겨버리거나 수도세를 잘 냈는데도 갑자기 물이 안 나올 때가 있었다. 동네 직원에게 전화를 걸면 물이 언제쯤 나올 거니까 그저 차분히 기다리라고 말해주었다.

몇 번 이런 일을 겪다 보니 미리 대처하는 요령이 생겼다. 전기가 끊기면 노트북에 미리 담아놓은 영화를 보는 것이다. 불빛이 제대로 차단되어서 영화관도 부럽지 않았다. 물은 항상 미리 페트병에 담아놔서 수도가 끊긴 날에도 간단하게 씻을 수 있게 준비했다. 전기와 수도가 동시에 끊기면 정말 당황스럽지만 해프닝으로 웃어넘길 수 있는 기지를 발휘하게 된다. 추운 겨울날, Y와 깜깜한 화장실에서 서로 페트병에 담긴 물을 따라주며

🔼 자유광장 근처의 와인 상점에 들어갔는데 갑자기 정전이 됐다. 직원분이 자연스럽게 초를 가져와 불을 붙였는데, 마치 생일파티를 하는 기분이었다.

짜릿한 차가운 물로 고양이 세수를 한 것도 잊지 못할 해프닝이 되었다. 모르고 탄산수로 세수한 적도 있는데 얼굴이 아주 따끔따끔했다. 이런저런 일들이 있었어도 결국 세상이 많이 좋아지긴 했다. 길을 찾을 때는 구글맵으로 찾으면 되었고 집 앞에 24시간 마트가 있으니 필요한 물건을 사러 가는 건 걱정하지 않아도 됐다. 은행 계좌 개설도 간편하게 할 수 있었다. 이곳도 결국 다 사람 사는 곳이었다.

한 번은 치과에 갈 일이 있었는데 젊은 치과 의사 선생님께서 온갖 지극정성으로 치료를 해주셨다. 치과 문을 열고 들어가니 문 앞에 바로 치료받는 의자 두 대가 놓여있었다. 접수처도 따로 없고 손님도 없고 치과 의사 한 분과 간호사 한 분만 그곳에 계셨다. 그래서인지 오랜 시간 동안 꼼꼼히 치료해 주셨다. 자주 가는 미용실에서는 상냥한 친절은 받지 못했지만 무심하게 툭툭 잘라준 머리 스타일은 마음에 들었다. 조지아에 살면서 버킷리스트가 있었는데 바로 '네일아트 해보기'였다. 그냥 궁금했다. 몇 개월을 미루다가 큰맘 먹고 네일샵에 찾아갔다. 사진을 보여드리며 똑같이 해달라고 말씀드렸다. 역시 오랜 시간 공들여서 정성스럽게 네일아트를 해주셨다. 스타일은 사진과 똑같았는데 아쉽게도 열심히 박은 큐빅이 금방 떨어져 버렸다. 그날 잠들기 전에 조지아에서 네일샵을 차리는 상상을 해보았다.

자유광장 역 근처 대형 쇼핑몰인 갤러리아 몰^{Galleria Mall} 5층에 있는 영화관에서는 영어로 상영하는 영화도 볼 수 있다. 신기한 점은 영화를 영어, 러시아어, 그리고 조지아어 버전 중에 선택할 수 있다는 것. 또한 영화 상영 중간에 쉬는 시간이 있다. 리카와 Y랑 영어로 상영하는 액션 영화를 봤다. 잘 알아듣지는 못했지만 액션이 많으니까 그저 재밌게 봤다. 또한 이 쇼핑몰에서는 가전, 가구, 생필품 등 온갖 쇼핑을 다 할 수 있으니 어쩌면 이곳에서 오랫동안 사는 것도 문제없을 것 같다고 생각했다.

조지아의 모든 것이 좋다고 하면 거짓말이다. 살다 보니 분명 이해가 안 되는 부분도 많았고 실망할 때도 많았다. 패스트푸드를 먹으러 갔는데 슬로우푸드만큼 기다릴 때도 있었고 마트에서 계산할 때 한 가지 물건은 제외해달라고 했는데 그 일이 엄청 큰일인지 온 직원이 달라붙어서 해결하느라 미안하고 당황스러웠다. 나는 조급한데 사람들은 여유로울 때면 어찌할 바를 몰랐다.

그렇지만 이렇게 조지아와 인연이 된 이상 내가 조지아를 더 많이 좋아하기로 마음먹었다. 어떻게 하면 더 즐겁게 살 수 있을지 정보를 찾아 모으기 시작했다. 트빌리시 므타츠민다^{Mtatsminda} 공원에서 와인 페스티벌이 열린다는 포스터를 보고 리카를 데리고 가서 온갖 신기한 와인을 맛보았다. 조지아 사람들에게 용기 내어 먼저 말을 붙여보기도 했다. 대화했던 한 사람 한 사람 모두 헤아릴 수 없이 깊은 각자의 사연과 삶이 있었다. 조지아 기념품도 하나둘씩 모으기 시작했다. 니꼬 피로스마니 작품이 그려진 컵 받침, 힌깔리 캐릭터가 그려진 에코백, 조지아 동료가 만들어 준 양초, 빽빽한 조지아어로 가득한 아파트 관리비 납부 통지서도 특별한 기념품이 됐다.

친구들이랑 놀기

내 주변에는 한국을 좋아하는 친구들이 많았다. 한국어가 수준급이어서 나와 거리낌 없이 대화하는 친구들을 보며 그들의 열정과 재능에 감탄했다. 조지아 친구들끼리는 서로 조지아어로 말하다가 러시아어로도 말하다가 갑자기 나한테는 한국말을 한다. 영어도 잘한다. 조지아 알파벳을 더듬더듬 읽는 수준인 나를 반성하게 했다. 친구들과는 같이 커피 마시고 와인 마시고 미래에 대해 고민하고 가끔 공부도 하고 가끔 여행도 가며 시간을 보냈다. 자주 가는 곳은 올드 트빌리시. 2주에 한 번은 케이블카를 탔다. 그리고 나서는 벤치에 앉아 흘러가는 풍경과 지나가는 사람들을 구경했다. 살아온 환경이 달라도 너무 다른 사람들끼리 이렇게 서로 공감하며 친구가 될 수 있다는 사실이 새삼 놀라웠다.

나는 조지아 노래가 심금을 울리며 좋던데 친구들은 한국 노래만큼 좋은 노래가 어딨냐며 나도 모르는 옛날 한국 노래를 추천해 준다. 친구들은 한국 드라마에 나오는 노래방에 꼭 가보고 싶다고 했다. '조지아에 코인 노래방이 생기면 어떨까? 대박 날까?'하는 상상도 해보았다. 아이돌 가수에 관심 없던 내가 조지아 친구들 덕분에 유명 아이돌 가수 이름을 다 외웠다. 누구보다 한식을 사랑하는 친구들과 함께 한국에서 가져온 재료로 밥을 해 먹으면서 요리 실력을 키웠다. 쇼티스 뿌리와 된장찌개를, 라면과 크베브리 와인을 같이 먹었다.

친구들에게는 한국 메이크업이 무척 예뻐 보이나 보다. 한국 메이크업을 해달라고 친구들이 제 발로 찾아왔다. 조지아에서 갑자기 금손으로 인정받았다. 직접 메이크업을 해주니 뛸 듯이 기뻐하는 친구들의 모습을 보며 대체할 수 없는 뿌듯함을 느꼈다. 내 눈에는 이목구비가 뚜렷한 조지아 사람들이 아름다워 보이는데 이렇게 서로의 취향이 달라도 되는 거냐며 웃음을 터뜨렸다.

해가 바뀌는 1월 1일 새해 트빌리시 풍경은 정말 신기하다. 한국에서는 늘 TV 속 연말 시상식을 켜놓고 MC가 카운트다운을 세는 장면을 보며 새해를 맞이했는데 이곳에서는 일단 어디든 밖으로 나가야 한다. 어마어마하게 터지는 트빌리시의 폭죽을 봐야 하기 때문이다. 나도 어리바리한 얼굴로 친구를 따라 밖으로 나갔다. 12시가 되자마자 '파바바박' 소리가 들리며 엄청난 폭죽이 터졌다. 장관이 따로 없었다. 계속해서 귀가 따가울 정도로 폭죽이 터지고 눈앞으로 불똥이 휙휙 지나갔다. 온몸으로 새해를 맞이하는 것이다. 유튜브에 'Tbilisi New Year'라고 검색해보면 많은 동영상이 올라와 있다. 새해가 되는 날 트빌리시에 온다면 더없는 행운을 맞이하는 것이다.

마트와 시장 가기

조지아에서 가장 그리운 공간을 떠올리자면 바로 집 앞의 공원 그리고 마트이다. 집 앞 마트에는 특유의 방향제 냄새가 났는데 그 냄새가 너무 푸근하고 좋았다. 마트에서 장을 보는 일은 최고의 여행과도 다름없었다. 온갖 신기한 물건이 가득한 데다가 조지아 사람들의 일상 안에 섞여 있다는 느낌이 그 순간을 더욱 특별하게 만들어 주었다.

조지아 마트에서 느낀 몇 가지 신기한 점이 있다면 먼저 두둑하게 쌓여 있는 과자를 원하는 만큼 봉지에 담아 직접 무게를 재고 가격표를 붙여 구매할 수 있다는 점이다. 과자를 볼 때마다 어린 시절 유치원에서 과자집을 만들었던 기억이 떠올랐다. 젤리와 사탕도 원하는 만큼 담아서 계산하면 된다. 진열된 달걀은 단 한 개만 집어서 구매할 수도 있다. 와인은 생수만큼 흔했고 신선한 꿀, 다양한 견과류, 생과일이 들어간 주스는 매번 눈길을 사로잡았다. 얼굴 크기만 한 치즈와 조지아 국민 요구르트 마초니 მაწონი, Matsoni도 저렴하게 즐길 수 있다.

반면 조지아의 물가 수준에 비해 공산품이 매우 비싸게 느껴졌다. 특히 마트에서 파는 샴푸, 화장품, 포장지 같은 공산품이 비쌌는데 대부분 튀르키예나 러시아, 독일 등에서 수입해온 제품이었다. 조지아에 처음 도착한 날 탁상 거울을 사려고 마트에 갔는데 모든 물건이 저렴하리라 예상한 것과는 달리 비싼 물건이 꽤 많았다. 양말, 옷, 신발 등은 시장과 일반 쇼핑몰의 가격 차이가 크다. 마트에서는 주로 야채와 과일, 쌀, 우유 등을 구매했고 초콜릿과 머랭 쿠키, 케이크도 자주 사 먹었다.

🔼 과자, 사탕, 달걀, 밀가루 등 모두 원하는 만큼만 담아서 살 수 있다.

시장에서는 마트나 쇼핑몰보다 다양한 물건을 훨씬 저렴하게 구매할 수 있다. 사드구리스 모에다니Sadguris Moedani 지하철역에서 나오면 '데제르띠 레비스 바자리დეზერტირების ბაზარი, Dezerter Bazaar'라고 불리는 큰 재래시장이 형성되어 있다. 지금까지도 잘 입고 있는 지퍼형 후드가 있는데 시장 길거리에서 5라리약 2,500원에 구매했다. 자유광장 근처 갤러리아 몰에 입점한 브랜드 샵에서는 티셔츠 한 장에 50라리약 25,000원까지 줘야 하니 시장만한 곳이 없다. 신선한 과일, 치즈, 고기, 해산물 등이 즐비한 거리 곳곳을 돌아다니다 보면 시간 가는 줄 모른다.

조지아 패션 의류들을 구경하는 재미도 쏠쏠하다. K-Pop 댄스 의상으로 입을 옷을 사러 간다는 친구들을 따라가 산처럼 쌓인 옷더미 속에서 개성 있는 옷들을 몇 가지 건지기도 했다. 핸드폰 가게에서는 핸드폰이 이제 막 보급되던 시절 나왔던 아주 오래된 모델의 제품도 팔고 있었다. 이곳에서 산 운동화는 가을부터 겨우내 편하게 신었고 인심 좋아 보이는 할머니께서 파시던 달달하고 구수한 찐 옥수수가 맛있어서 일부러 찾아가기도 했다.

그 밖에도 관광객들의 발걸음이 뜸한 지역인 삼고리Samgori, 바르께틸리Varketili 지하철역 근처에도 재래시장이 형성되어 있다. 삼고리 지하철역 바로 옆에 있는 '나브틀루히스 바자리ნავთლუღის ბაზარი, Navtlughi Bazaar'에서는 직접 만든 치즈, 추르츠켈라, 절임음식 등 다양한 수제 제품을 만날 수 있다. 시식해보라며 건네주는 짭조름한 치즈를 맛보며 돌아다니는 것도 즐겁다.

트빌리시의 중앙인 자유광장에서 차로 약 40분을 달리면 '릴로 모리ლილო მოლი, Lilo Mall'라고 불리는 대형 도매 및 소매시장에 닿을 수 있다. 이곳에는 약 6,000여 개의 매장이 입점해있는데 튀르키예, 아제르바이잔, 중국 등 세계 각지에서 수입해 온 의류, 가구, 카펫, 수리 용품, 장난감 등의 물건이 가득하다. 시장이 워낙 커서 영업시간 내내 돌아다녀도 다 둘러보지 못할 정도이다. 아주 멋진 깐치를 사고 싶다면 이곳을 방문해보는 것도 좋은 선택이 될 것이다.

• 데제르띠레비스 바자리
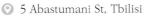 5 Abastumani St, Tbilisi

• 나브틀루히스 바자리
 91 ქეთევან დედოფალის გამზირი, Tbilisi

- 릴로 모리
  - 📍 112 Kakheti Hwy, Tbilisi 0151
  - 🌐 www.lilomall.ge

카페 가기

트빌리시에는 'illy CAFFE'와 같은 프랜차이즈 카페를 비롯해 다양한 커피 전문점이 점점 늘어나고 있다. 그곳에서는 아이스 커피는 물론 바리스타가 취급하는 고품질 커피도 마실 수 있다. 퇴근 후나 주말에 트빌리시 구석구석 마음에 드는 카페를 찾아가는 건 나에게 주는 선물과도 같았다. 좋아했던 카페를 소개해본다. 각 카페의 홈페이지는 QR코드를 통해 확인할 수 있다.

• Fabrika Tbilisi

 8 Egnate Ninoshvili St, Tbilisi   🌐 www.fabrikatbilisi.com

마르자니쉬빌리^{Marjanishvili} 역에서 10분가량 걸어가면 트빌리시의 핫플레이스인 파브리카가 나온다. 옛 공장을 개조해 만든 호스텔인데 이곳에 카페, 식당, 아티스트 스튜디오 등이 들어서 있다. 루프탑에서 즐기는 요가, 크리스마스 페어 등과 같은 다양한 프로그램들이 마련되어 있고 세계 각지에서 온 사람들과 대화를 나눌 수 있다. 건물 외벽에 그려진 그라피티도 볼거리이다. 로비에서 커피를 마시며 책을 읽거나 노트북을 하기 좋다.

• Degusto

📍 17, Kote Marjanishvili St, Tbilisi /
148, 150 Davit Aghmashenebeli Ave, Tbilisi 외
🕐 월~금 8:30am~9pm / 토~일 10am~8pm (지점별 상이)
🌐 www.facebook.com/Degusto.ge

트빌리시에서 흔히 볼 수 있는 체인 카페 겸 식당이다. 간단한 식사와 디저트, 커피를 함께 즐길 수 있다. 명화를 이용해 꾸민 독특한 인테리어가 볼거리이다. 간판에 꾸며진 니꼬 피로스마니의 작품을 찾아보는 것도 재밌다. 아침 일찍 문을 열기 때문에 출근 전에 자주 들렀다. 샐러드, 파스타, 볶음밥 등 다양한 메뉴를 원하는 만큼만 담아 간편하게 먹을 수 있다. 아침 시간에는 할인된 가격으로 커피와 빵을 즐길 수 있다.

· Entree

- 47 Kote Afkhazi St, Tbilisi /
  19 Mikheil Zandukeli St, Tbilisi 외
- 매일 8am~10pm(지점별 상이)
- www.entree.ge

트빌리시의 관광지를 중심으로 자주 볼 수 있는 베이커리 카페이다. 인테리어가 깔끔하고 빵과 커피도 훌륭하다. 특히 카푸치노가 맛있다. 이곳에서 간단하게 커피만 마셔도 괜찮고 브런치 메뉴를 즐겨도 좋다. 친구들과 대화를 나누거나 혼자 책을 읽거나 노트북을 하기에 최적화된 장소이다.

· Coffeesta

- 52 Shota Rustaveli Ave, Tbilisi
- 매일 8am~11pm(지점별 상이)
- www.coffeesta.com

100% 아라비카 원두를 사용하는 고품질 커피 전문 체인이다. 아이스 아메리카노, 아이스 라떼, 플랫 화이트 등 다양한 커피 메뉴와 프라페, 밀크쉐이크 등의 음료가 준비되어 있다. 이곳 샌드위치로 자주 점심을 해결했다. 케이크, 쿠키 등도 함께 곁들이기 좋다.

• Coffee LAB

 27 Alexander Kazbegi Ave, Tbilisi
 매일 10am~7pm
 www.coffeelab.ge

관광지를 벗어나도 트빌리시 구석구석에는 잠시 쉬었다가 가기 좋은 카페가 많다. 테크니꾸리 우니베르시떼띠^{Technical University} 지하철역과 델리시^{Delisi} 지하철역 사이에 위치한 이곳은 스페셜티 커피를 전문적으로 판매하는 곳이다. 직접 로스팅한 신선한 커피를 맛볼 수 있다. 드립 커피가 일품이며 커피 원두를 구매할 수 있다. 주변을 둘러볼 겸 조지아의 일상을 경험하고 싶다면 추천하고 싶은 공간이다.

• Cafe Mziuri

 0179, მზიური Chavchavadze Street 23, Tbilisi
 매일 11am~7pm
 www.cafemziuri.ge

므지우리 공원^{Mziuri park}내에 위치한 카페이다. 므지우리^{მზიური, Mziuri}는 'Sunny'라는 뜻이다. 감각적인 인테리어가 돋보인다. 카페 전면이 통유리로 되어있어 공원에서 평화롭게 시간을 보내는 사람들을 구경할 수 있다. 카페에서 자체적으로 인권, 환경 및 동물 보호 등의 캠페인을 펼치고, 캠페인의 일환으로 무료 영화 상영, 어린이들을 위한 교육 프로그램 제공 등 다양한 이벤트를 개최한다.

03

Balance(여행하기)

숨겨진 보물 같은 조지아 구석구석 여행하기

　퇴근 후에는 트빌리시 도보 여행을, 주말이면 조지아 이곳저곳을 찾아 길을 나섰다. "조지아에서 어디가 제일 좋았나요?"라는 질문에는 뭐라고 콕 집어 대답해야 할지 모르겠다. 지역마다 분위기와 특징이 다르고 그날 날씨와 기분에 따라 모든 게 달라졌기 때문이다.

　걸어서 이곳저곳을 여행하기에는 당연 '트빌리시^{Tbilisi}'가 제일이었고, 자연의 아름다움을 절정으로 느낀 곳은 까즈벡 산으로 유명한 '스떼판츠민다^{Stepantsminda}'였다. 여름휴가를 보냈던 조지아 친구의 고향 '압바샤^{Abasha}'는 더없이 평화로웠고, 동굴 도시가 있는 '우플리스치헤^{Uplistsikhe}'와 '데이비드 가레자^{David Gareja}', '바르드지아^{Vardzia}'는 이곳에 사람이 살았다는 것이 믿기지 않을 만큼 신기한 곳이었다.

　역사적 평가가 엇갈리는 인물인 스탈린의 고향인 '고리^{Gori}'에서는 복합적인 감정을 느꼈다. 광산의 도시 '찌아투라^{Chiatura}'에서는 오래된 케이블

03

Balance(여행하기)

숨겨진 보물 같은 조지아 구석구석 여행하기

　퇴근 후에는 트빌리시 도보 여행을, 주말이면 조지아 이곳저곳을 찾아 길을 나섰다. "조지아에서 어디가 제일 좋았나요?"라는 질문에는 뭐라고 콕 집어 대답해야 할지 모르겠다. 지역마다 분위기와 특징이 다르고 그날 날씨와 기분에 따라 모든 게 달라졌기 때문이다.

　걸어서 이곳저곳을 여행하기에는 당연 '트빌리시Tbilisi'가 제일이었고, 자연의 아름다움을 절정으로 느낀 곳은 까즈벡 산으로 유명한 '스떼판츠민다Stepantsminda'였다. 여름휴가를 보냈던 조지아 친구의 고향 '압바샤Abasha'는 더없이 평화로웠고, 동굴 도시가 있는 '우플리스치헤Uplistsikhe'와 '데이비드 가레자David Gareja', '바르드지아Vardzia'는 이곳에 사람이 살았다는 것이 믿기지 않을 만큼 신기한 곳이었다.

　역사적 평가가 엇갈리는 인물인 스탈린의 고향인 '고리Gori'에서는 복합적인 감정을 느꼈다. 광산의 도시 '찌아투라Chiatura'에서는 오래된 케이블

카를 타며 구소련의 흔적을 찾을 수 있었고, 찌아투라에서 얼마 떨어지지 않은 '카츠키 기둥Katskhi Column'에서는 아주 높은 절벽 위에서 은둔하며 수행하는 수도사의 고행을 느낄 수 있었다.

조지아는 한 번 알면 알고 싶은 것이 더 많아지는 나라이다. 숨겨진 보물 같은 조지아 구석구석 여행기를 지금부터 함께해보자.

① 가파른 기둥 위에 위치한 카츠키 수도원. 천국과 지상의 경계에 있는 듯하다.

🔺 한때는 기도하러 오는 사람들로 붐볐을 압바샤의 아주 오래된 교회.

🔺🔺 고리 지역의 스탈린 박물관 앞. 스탈린이 그려진 기념품을 판매하고 있다. 이곳에서 스탈린 박물관을 비롯해
그가 탔던 열차와 그의 어린 시절 생가를 둘러볼 수 있다.

↑ ↓ 거대한 동굴도시 데이비드 가레자와 바르드지아.

과거와 현대가 공존하는 조지아의 수도

조지아의 수도 트빌리시^{ᲗᲑᲘᲚᲘᲡᲘ, Tbilisi}는 기품 있는 옛것과 세련된 현대의 것이 혼합된 신비로운 도시이다. 트빌리시는 처음부터 웅장한 모습으로 다가오는 것이 아니라 보면 볼수록 빛을 발하고 자세히 보아야 그 매력을 느낄 수 있는 도시라고 할 수 있다.

트빌리시의 중심가는 유럽 분위기가 나는 듯하다. 그 어느 나라보다 고풍스럽다고 자부할 수 있는 루스타벨리 거리의 맥도날드 건물과 앤티크한 매력을 자랑하는 고급 호텔 그리고 그 주변으로 위치한 카지노, 쇼핑몰, 박물관, 잘 꾸며진 카페 거리는 트빌리시를 '낭만과 자유'의 도시라고 설명하기 충분하다.

그러면서도 2층 발코니가 앞으로 튀어나와 있는 독특한 구조의 전통 주택들과 형형색색의 추르츠켈라를 걸어놓은 길거리 상점, 군데군데 솟아있는 원뿔 모양의 지붕을 가진 교회들은 조지아만의 이색적인 분위기를 물씬 자아낸다. 므뜨끄바리^{Მტკვარი, Mtkvari} 강을 가로지르는 올드 트빌리시의 현대식 케이블카는 도시의 활기를 더해주고 민트색, 분홍색 등 파스텔색의 옷을 입은 건물들과 그 사이를 누비는 노란색 미니 버스는 도시의 색채를 알록달록하게 물들인다.

관광지를 벗어나면 오래되어 낡은 것들과 때 묻지 않은 것들이 우리를 반긴다. 거리 곳곳에 있는 구제샵, 만화에서만 보던 두툼한 치즈들이 쌓여있는 동네 치즈 가게, 아무도 눈길을 주지 않는 오래된 광고 포스터, 핸드백처럼 빵을 옆구리에 끼고 가는 사람들, 일광욕을 한껏 즐기고 있는 개와 고양이들이 트빌리시의 진짜 매력에 빠져보라고 손짓한다.

퇴근 후에 나는 주로 자유광장과 올드 트빌리시로 달려가 시간을 보냈다. 이곳은 잘 꾸며진 관광 지역이라 놀거리, 볼거리, 편의시설이 잘 갖춰져 있다. 주말이면 낯선 곳으로의 여행을 시작했다. 내가 살던 집 주변만해도 낯설고 오래된 건물들이 자리 잡고 있어서, 집 앞을 나서는 순간부터가 늘 여행이었다. 집 앞을 빠져나오면 한국에서는 꿈에도 상상하지 못했던, 마치 지구 반대편의 낯선 행성을 걷고 있는 듯한 느낌이었다. 이렇게 옛것과 현대의 것이 서로를 시기하지 않고 어우러져 있는 도시 트빌리시는 천천히, 그리고 자세히 봐야 그 매력을 비로소 느낄 수 있는 곳이다.

● 올드 트빌리시 유황온천 단지의 골목길.

🔼 숨겨둔 보물이 있을 것만 같은 길거리 구제샵.
🔼🔼 신기한 다리가 놓인 아파트.

트빌리시 도보여행 Day 1

○ 루스타벨리 지하철역, 루스타벨리 거리
○ 자유광장 지하철역, 자유광장
○ 오래된 빵집, 시오니 대성당
○ 올드 트빌리시 – 바흐탕 고르가살리 광장, 유황온천 단지
○ 올드 트빌리시 – 나리깔라 요새, 케이블카
○ 올드 트빌리시 – 평화의 다리, 메떼키 교회
○ 성삼위일체 대성당(사메바 성당)

　트빌리시는 걷는 것만으로도 아주 멋진 여행을 할 수 있다는 장점이 있다. 트빌리시 도보 여행을 하고 싶다면 루스타벨리 지하철역에서 시작해 보는 건 어떨까? 이곳에서 시작해 자유광장으로, 올드 트빌리시로, 그리고 사메바 성당까지 걸어가면서 트빌리시의 다채로운 매력에 흠뻑 빠져보자.

○ 루스타벨리 지하철역, 루스타벨리 거리

118페이지에 있는 트빌리시 지하철 노선도에서 루스타벨리^{Rustaveli} 역을 찾아보자. 역이 많지 않아서 금방 찾을 수 있을 것이다. 루스타벨리 역과 루스타벨리 거리는 조지아의 대표 민족 시인 '쇼타 루스타벨리^{Shota Rustaveli}'의 이름을 따온 것이다. 역을 빠져나오자마자 쇼타 루스타벨리의 동상이, 그리고 그 옆에 아주 고풍스러운 맥도날드 건물이 보일 것이다. 바로 이곳에서부터 트빌리시 도보 여행을 시작해보자. 루스타벨리 거리는 유럽풍의 우아한 분위기를 고스란히 담고 있는데 건물들의 색이 다양해서 더 아름답다. 맥도날드 옆으로는 온갖 기념품과 멋진 그림을 파는 장터가 항상 열린다. 이 거리에는 식당, 카페, 호텔이 즐비하고 조지아 국립 박물관^{Georgian National Museum}을 비롯해 루스타벨리 극장^{Rustaveli Theatre} 등 역사적인 장소를 만날 수 있다.

↑ 루스타벨리 역 앞. 이렇게 멋진 맥도날드는 처음 본다.

↑ 루스타벨리 거리에서는 힌깔리, 조지아 와인, 조지아 전통춤 등을 그린 다양한 작품을 구매할 수 있다.
↑↑ 너무 좋아했던 활기찬 루스타벨리 거리.

○ 자유광장 지하철역, 자유광장

루스타벨리 거리를 계속 걸어오다 보면 조지아 국회^{Parliament of Georgia} 건물이 보일 것이다. 이 건물을 지나면 바로 자유광장^{Liberty Square} 지하철역과 대형 쇼핑몰인 갤러리아 몰^{Galleria Mall}이 나온다. 갤러리아 몰에서 간단한 식사를 하거나 GOODWILL 대형마트를 구경하는 것도 좋다. 쇼핑몰 옆으로는 원형의 자유광장이 펼쳐져 있다. 자유광장은 트빌리시 중심부에 위치한 광장으로 시민들의 생활 중심지이자 많은 여행자가 여행을 시작하는 지점이다. 광장 중앙에는 조지아의 자유와 독립을 상징하는 츠민다 기오르기^{St. George}동상이 금박을 두르고 우뚝 솟아있다. 근처에는 푸시킨 공원이 자리 잡고 있는데 이곳에 여행 정보 센터가 있다. 공원에 설치된 시원한 분수 옆에서 잠시 쉬어가기에도 좋다.

❶ 늘 들뜬 마음을 느끼게 하는 자유광장.

● 주요 포토 스팟인 조지아 국회.
● ● 세련된 자유광장 지하철 역.

174

○ 오래된 빵집, 시오니 대성당

자유광장에서 던킨도너츠 건물을 지나 코테 압하지^{Kote Afkhazi} 거리로
가면 올드 트빌리시로 가는 길이 나온다. 가는 길목에 트빌리시에서 가
장 오래된 빵집과 시오니 대성당^{Sioni Cathedral}을 방문해보자. 오래된 빵
집은 간판이 없어서 찾기 힘든데 아래 사진에서 보이는 파란색 WC 팻
말이 있는 건물의 지하로 내려가면 된다. 늘 행복한 미소를 지으며 빵
을 굽고 있던 직원들의 얼굴이 아직도 눈에 선하다. 친절한 직원이 구워
주는 맛있는 뿌리를 맛본 뒤에는 니노의 포도나무 십자가 진본을 소장하
고 있는 시오니 대성당으로 발걸음을 옮겨보자. 수수하지만 아름답고 우
직한 성당의 모습에 매료될 것이다. 일 년에 두 번 있는 니노의 날^{1월 27일,}
^{6월 1일}에 이 십자가 진본을 꺼내는데 그날은 이곳에 아주 많은 인파가 몰
린다.

⬆ 먹음직스러운 빵이 가득한 오래된 빵집.

⬆ 자태가 아름다운 시오니 대성당.

○ 올드 트빌리시 - 바흐탕 고르가살리 광장, 유황온천 단지

'I♥TBILISI' 팻말이 보이면 올드 트빌리시에 잘 도착한 것이다. 이 팻말이 보이는 '바흐

탕 고르가살리 광장Vakhtang Gorgasali Square'은 동화같이 예쁘다. 트빌리시는 조지아어로 '따뜻한 곳'이라는 뜻으로 따뜻한 온천이 솟아나는 데서 그 지명이 유래했다. 전설에 따르면 5세기, 바흐탕 고르가살리 왕이 매와 함께 사냥을 나가 꿩을 잡았는데 그 꿩이 온천에 빠져 푹 익은 모습을 보고 트빌리시에 수도를 세웠다고 한다.

케이블카를 타러 가기 전에 먼저 유황온천 단지인 '아바노투바니 Abanotubani'에 들러보자. 꿩 동상 뒤로 돔 형태의 온천들이 모여있는 곳이 바로 아바노투바니이다. 이 온천은 지금도 왕성하게 운영되고 있는데 가

장 큰 특징은 독특한 냄새가 나는 '유황온천'이라는 점이다. 삶은 달걀이 상한 냄새로 비유할 수 있는데 맡다 보면 익숙해진다. 전 세계 사람들이 건강 증진을 위해 이 온천을 찾는다. 온천은 보통 방 단위로 가격을 받는데 나는 50라리 방을 이용해보았다. 목욕을 마치고 나니 정말 피부가 보드라워지는 느낌이었다. 조지아 음식을 극찬한 푸시킨은 이 온천 또한 너무나 사랑했다고 한다. 화려한 패턴으로 장식한 민트색 건물 'Chreli Abano&Spa'로 가면 푸시킨이 이 온천을 찬양한 말이 팻말로 붙어있다.

푸시킨은 '나는 태어나서 트빌리시의 목욕보다 더 영광스러운 것을 본 적이 없다 დააღებიდან არ შეხვედრილვარ თბილისის აბანოებზე უფრო დიდებულ რამეს.'고 말했다.

❶ 유황 온천 단지, 아바노투바니.

○ 올드 트빌리시 - 나리깔라 요새, 케이블카

올드 트빌리시에 왔다면 케이블카를 타지 않고서는 그냥 지나칠 수 없다. 매프로머니 카드로 이 케이블카를 탈 수 있다. 케이블카는 '난공불락의 요새'라는 뜻을 가진 '나리깔라 요새Narikala Fortress'로 사람들을 데려다준다. 이 요새에 올라가면 트빌리시의 전경을 한눈에 내려다볼 수 있다. 낮에 보는 것도 아름답지만 밤이 되면 그 아름다움이 더해진다. 특히 도시 중심에서 가장 밝게 빛나는 사메바 성당이 참으로 멋지다. 요새 위쪽에는 기념품샵이 있다. 다만 이곳에는 여행객들에게 원숭이와 함께 사진을 찍으라며 다가오는 상인들이 있는데 지나치게 비싼 값을 부를 수 있으니 조심하는 것이 좋겠다. 낮에 요새에 간다면 올라갈 때는 케이블카를, 내려올 때는 걸어 내려오면서 이곳을 찬찬히 느껴보는 것도 좋은 방법이다.

○ 올드 트빌리시 - 평화의 다리, 메떼키 교회

    나리깔라 요새에 다녀온 뒤에는 올드 트빌리시를 천천히 걸어 다니며 이곳저곳을 감상해보자. '평화의 다리^{The Bridge of Peace}'에서 잔잔히 흐르는 므뜨끄바리 강을 바라보는 것도 좋고 벤치에 앉아 사람들을 구경하는 것도 즐겁다. 시간과 체력이 여유가 된다면 걸어서 사메바 성당까지도 갈 수 있다. 그전에 므뜨끄바리 강 절벽 위로 세워진 '메떼키 교회^{Metekhi Church}'에 방문해 보자. 메떼키 교회는 5세기에 바흐탕 고르가살리 왕이 수도를 트빌리시로 옮긴 뒤 처음 세운 교회이다. 교회 앞으로는 말을 탄 용맹한 고르가살리 왕의 동상이 서 있다. 교회로 올라가는 오르막길에서는 평화의 다리를 내려다볼 수 있고 교회 바로 앞에서는 나리깔라 요새와 그 주변으로 위치한 조지아 특유의 이색적인 주택들을 한눈에 담을 수 있다.

⬆ 모던한 느낌의 평화의 다리.

↑ 고르가살리 왕의 동상.
↑ ↑ 절벽 위 메떼키 교회.

○ 성삼위일체 대성당(사메바 성당)

　트빌리시의 꽃을 장식하는 '성삼위일체 대성당^{Holy Trinity Cathedral}'까지
왔으면 거의 저녁 시간이 다 되었을 것이다. 메떼키 교회부터 시작해 아블
라바리^{Avlabari} 지하철역을 지나 조금 더 걸어가면 이곳에 다다를 수 있다.
'사메바 성당'이라고도 불리는 이 성당은 조지아에서 가장 큰 성당으로 조
지아 정교회 독립 1500주년과 조지아 독립 공화국 설립을 기념하기 위해
세워졌다. 조지아의 정신적 지주 역할을 하는 이 거대한 성당 앞에 서면
마음이 절로 겸손해진다. 성당 안 이콘에 입맞춤하는 조지아인들을 보면
그들의 진심 어린 믿음이 느껴질 것이다. 사메바 성당에서 시간을 보낸
뒤에는 다시 아블라바리 역으로 내려와 도보 여행을 마쳐보자. 여행이
끝날 때쯤이면 이미 트빌리시의 매력에 푹 빠져있을 것이다.

올드 트빌리시의 다양한 모습. 잔잔히 흐르는 므뜨끄바리 강을 따라 보트 투어도 할 수 있다.

트빌리시 도보여행 Day 2

○ 마르자니쉬빌리 지하철역, 마르자니쉬빌리 거리
○ 아그마쉐네벨리 거리
○ 드라이 브릿지 마켓

  마르자니쉬빌리 지하철역에서부터 도보 여행을 시작하는 것도 가능하
다. 단정한 건물들이 잘 조성된 이곳은 올드 트빌리시와는 또 다른 매력을
선사한다. 예쁜 소품, 앤티크한 건물, 근사한 식당이 가득한 거리를 걸으
며 낭만적인 풍경에 젖어보자.

○ 마르자니쉬빌리 지하철역, 마르자니쉬빌리 거리

다시 118페이지에 있는 트빌리시 지하철 노선도에서 '마르자니쉬빌리 Marjanishvili' 역을 찾아보자. 이번에는 이곳에서부터 도보 여행을 시작한다. 지하철역을 빠져나오면 이곳도 역시 아주 고풍스러운 맥도날드 건물이 제일 먼저 사람들을 반긴다. 이 건물을 찾았다면 맥도날드를 바라보는 방향에서 오른쪽으로 뻗어있는 길을 걸어가 보자. 이 거리에는 튀르키예 음식점들이 즐비한데 많은 튀르키예 상인들이 이곳에서 근무하고 있다. 핑크색, 민트색, 아이보리색 등의 예쁜 파스텔색 건물을 구경하는 것도 재밌고 루카 폴라레Luca Polare 아이스크림 가게, 튀르키예식 디저트 카페 등에 들러 잠시 쉬어가기에도 좋다.

○ 아그마쉐네벨리 거리

　다시 마르자니쉬빌리 지하철역으로 되돌아와서 이번에는 맥도날드
의 왼쪽 방향으로 걸어가 보자. Entree 카페를 지나 계속 걷다 보면 예
쁜 카페, 식당, 기념품 매장이 즐비한 '다비트 아그마쉐네벨리 거리Davit
Aghmashenebeli Avenue'가 나온다. 이 거리는 항상 젊은이들이 붐비는데 건물
과 길이 깨끗하게 조성되어 있고 분위기는 아주 활기차다. 밤에는 건물과
건물 사이를 잇는 전구에 조명이 켜져서 더욱 화려하게 빛난다. 이곳에는
근사한 식사를 할 수 있는 식당들이 많은데 가격대가 다소 높은 편이다.
거리에서는 식당 종업원들이 사람들을 불러 모은다. 크리스마스 기간에는
크리스마스 마켓이 열려 볼거리가 풍부하다. 이것저것 구경하며 아그마쉐
네벨리 거리가 끝나는 지점까지까지 쭉 걸어가보자.

○ 드라이 브릿지 마켓

아그마쉐네벨리 거리를 다 걸어왔다면 드라이 브리지 마켓Dry Bridge Market에 가는 건 어렵지 않다. 거리가 끝나는 지점에 자르브뤼켄 광장 Saarbrücken Square이 나오는데 이 광장에서 이어지는 자르브뤼켄 다리 Saarbrücke Bridge에 다양한 골동품을 파는 벼룩시장인 드라이 브릿지 마켓이 형성되어 있다. 구소련 시절의 장난감부터 그릇, 책, 액세서리 등을 판매 하는데 볼거리가 정말 많다. 예술가들은 그 옆에서 예술 작품을 판매한다. 온갖 물건을 구경하다 보면 시간 가는 줄 모른다. 조지아에 친구들이 온다 면 꼭 데려가고 싶은 곳이다. 비틀스 LP도 있고 구소련 시절 여권도 팔고 있다. 나는 조지아의 오랜 LP와 옛 튀르키예 화폐를 구매했다. 시장은 매 일매일 열리고 해가 지기 전까지 운영된다.

① 다양한 골동품을 판다.
①① 구소련 여권. 실제 여권이라는데 정말 신기했다.

트빌리시, 발길 닿는 대로 가보기

MBTI 유형 검사가 뜨고 있다는데 네 개의 알파벳 중 나의 마지막 알파 벳 자리는 아무래도 계획적이라기보다 즉흥적이라는 P(인식형)인가 보다. 아무 계획 없이 무작정 집을 빠져나와 내 발길이 닿는 대로 트빌리시 이곳 저곳을 돌아다니는 것이 정말 재밌었다. 구글 지도를 켜고 어떤 곳인지 궁 금한 곳이 있으면 일단 가보는 거다. 인생은 한 치 앞도 모르는 것. 역시 후회 없는 여정이었다. 궁금해서 찾아가 본, 혹은 걷다 보니 우연히 발견 한 멋진 곳들을 소개해 본다.

○ 트빌리시 바다

트빌리시에는 'Tbilisi Sea'라고 불리는 바다가 있다. 내륙에 있어 사실 은 호수인데 조지아 사람들은 이곳을 바다라고 부른다. 여름에 보는 트빌 리시 바다는 아주 눈부신 에메랄드색이다. 한 번은 차를 타고 도로를 달리 며 바다를 바라보는데 일렁이는 물결이 정말 보석처럼 아름다웠다. 사람 들은 이곳에서 주로 낚시와 휴양을 즐긴다. 대중교통으로 이곳에 찾아가 는 건 쉽지 않았다. 무작정 구글맵을 켜니 사드구리스 모에다니 지하철역 근처에서 111번 버스를 타라고 안내해 줬다. 운이 좋게 버스에서 바다로 놀러 가는 꼬마 손님들을 만나 함께 바다를 구경했다. 이곳은 조지아인들 의 도움을 받아 함께 가보는 것을 추천한다.

○ 므타츠민다 공원

트빌리시의 전경을 가장 높은 곳에서 내려다보고 싶다면 므타츠민다 공원Mtatsminda Park을 방문해 보자. 트빌리시의 거리를 걸어 다닐 때 분명 한국의 남산타워와 비슷하게 생긴 타워를 발견했을 것이다. 'TV 타워'라고 불리는 이 타워가 세워져 있는 곳이 바로 므타츠민다 공원이다. 산악 기차인 푸니쿨라Funicular를 타면 쉽게 방문할 수 있다. 이곳에 올라가 트빌리시를 바라보면 마음이 뻥 뚫리는 기분이 든다. 특히 사메바 성당을 중심으로 키 작은 건물들이 트빌리시를 둘러싸고 있는 모습이 참으로 이색적이다. 트빌리시를 관통하는 므뜨끄바리 강도 한눈에 보인다. 이 공원에는 관람차를 비롯한 몇 가지 놀이기구와 푸니쿨라 레스토랑Restaurant Funicular이라고 불리는 근사한 식당이 있다. 이 공원에서는 사교 모임, 축제 등 다양한 행사도 펼쳐진다.

① 푸니쿨라 레스토랑. 나는 한국식 크리스마스 때 큰맘 먹고 와봤다.

○ 델리시, 바자프샤벨라 지하철역 근처

　관광지를 벗어나도 나에게는 트빌리시의 모든 곳이 관광지였다. 내가 살던 곳이었던 델리시Delisi 및 바자프샤벨라Vazha-Pshavela 지하철역 근처는 참으로 흥미로운 지역이다. 놀거리, 볼거리가 많은 트빌리시 중심 지역보다 이곳을 여행하는 것이 훨씬 더 재밌었다. 전단이 마구 붙어있는 번잡한 길거리와 추르츠켈라를 대롱대롱 걸어놓은 가게들 그리고 평화로운 동네 공원은 사람 사는 냄새가 물씬 풍기는 정겹고 소중한 공간이었다. 이곳을 돌아다니며 놀이터에서 아이들이 뛰노는 모습을 바라보기도 하고 서점에 들어가 조지아어로 된 책을 구경하기도 했다. 처음 보는 마트가 있으면 꼭 들어가 보았다. 이렇게 관광지에서 벗어나 동네 구석구석을 걸어 다니다 보면 트빌리시의 숨겨진 정취, 진짜 매력을 발견할 수 있을 것이다.

❷ 므츠헤타

조지아 속 정교회의 발상지

정교회의 본산이 궁금하다면 므츠헤타^{ᲛᲪᲮᲔᲗᲐ, Mtskheta}로 발걸음을 옮겨보자. 므츠헤타는 트빌리시로 수도를 옮기기 전, BC 3세기부터 AD 5세기까지 동 조지아 왕국인 카르틀리^{Kartli}의 고대 수도였으며 조지아의 공식 종교로 기독교가 선포된 곳이기도 하다. '므츠헤타의 역사적 기념물들^{Historical Monuments of Mtskheta}'은 1994년 유네스코 세계문화유산으로 지정되었다. 므츠헤타는 트빌리시에서 차로 약 한 시간 내의 거리에 있어 트빌리시에 머물면서 반나절 여행으로 다녀오기 좋은 곳이다. 나는 디두베^{Didube} 지하철역 근처 정거장에서 마르슈뜨까를 타고 므츠헤타에 위치한 스베띠츠호벨리 대성당에 다녀왔다. 택시나 투어 상품을 통해 즈바리 수도원과 스베띠츠호벨리 대성당 두 곳을 방문하고 다시 트빌리시로 다녀오는 일정도 좋다.

즈바리 수도원

즈바리 수도원^{Jvari Monastery}은 성녀 니노에 의해 조지아의 첫 번째 교회를 짓는 장소로 채택된 곳이다. '즈바리^{ჯვარი, Jvari}'는 조지아어로 십자가를 뜻한다. 성녀 니노가 4세기 초 기도를 위해 이곳에 와 큰 나무 십자가를 세웠는데 그 십자가가 많은 기적을 일으켜 바로 그 자리에 즈바리 수도원이 세워졌다고 한다. 즈바리 수도원은 산의 꼭대기에 있다. 이곳에 올라가면 므츠헤타 마을을 한눈에 조망할 수 있다. 마을은 므뜨끄바리^{Mtkvari} 강과 아라그비^{Aragvi} 강이 합류하는 두물머리 지형에 자리 잡고 있는데 그 전망이 아주 멋지다. 색이 다른 두 강이 이곳에서 합쳐지며 물빛은 그러데이션으로 물든다.

① 즈바리 수도원에서 바라보는 므츠헤타의 두물머리 지형.
① ① 높은 산 언덕에 위치한 즈바리 수도원.

스베띠츠호벨리 대성당

즈바리 수도원이 있는 언덕에서 내려와 차로 약 10분 정도 달리면 스베띠츠호벨리 대성당Svetitskhoveli Cathedral에 도착한다. 이 성당은 조지아의 가장 신성한 대성당 중 하나이자 트빌리시의 사메바 성당 다음으로 조지아에서 두 번째로 큰 성당이다. 이곳에는 예수 그리스도가 십자가에 못 박혔을 때 입고 있던 가운을 보관하고 있다고 전해 내려온다. 스베띠츠호벨리 대성당은 정교회의 지도자들이 거주하는 곳이며 예전 조지아 왕들이 묻힌 곳이기도 하다. 조지아의 대표적인 순례지로 사람들의 발걸음이 끊이지 않는다. 성당 주변으로는 와인, 추르츠켈라, 기념품 등을 판매하는 상점 거리가 길게 펼쳐져 있다.

🔼 신성한 역사가 서려있는 스베띠츠호벨리 대성당.

스베띠츠호벨리 대성당이 므뜨끄바리 강을 끼고 기품있게 서 있다.

사랑이 넘치는 도시

시그나기სიღნაღი, Sighnaghi는 조지아의 대표적인 포도 산지인 동쪽 카헤티კახეთი, Kakheti 지역에 있는 작은 도시이다. 빨간 지붕을 덮은 아기자기한 주택과 고즈넉한 분위기 그리고 감동적인 맛을 선사하는 와인으로 많은 사람을 불러 모은다.

시그나기는 '사랑의 도시^{The City of Love}'라고 불린다. 혼인 신고를 처리하는 시그나기의 행정기관სიღნაღის ქორწინების სახლი, Sighnaghi Marriage House이 다른 지역과는 다르게 24시간 근무하기 때문이다. 원한다면 24시간 중 언제든지 시그나기에 와서 혼인신고를 할 수 있는 것이다. 사랑 이야기를 하면 빼놓을 수 없는 조지아의 국민 화가 '니꼬 피로스마니'는 시그나기 바로 옆 미르자니მირზაანი, Mirzaani 태생 인물이다. 그래서 시그나기 거리 곳곳에서 니꼬 피로스마니의 흔적을 쉽게 찾을 수 있다. 또한 미르자니에 위치한 니꼬 피로스마니 박물관^{Niko Pirosmanashvili Museum in Mirzaani}에 가면 그가 살았던 집과 그의 작품을 만날 수 있다.

사랑의 도시답게 시그나기의 풍경은 아주 로맨틱하다. 이런 풍경 속에 따사로운 햇볕을 받고 자란 당도 높은 포도로 만든 와인까지 더해지니 금방이라도 사랑에 빠질 것만 같다. 시그나기는 와이너리 투어에도 제격이다. 대표적인 와이너리로는 오크로스^{OKRO's}, 꿩의 눈물^{Pheasant's Tears}이 있다.

너무 덥지도 그렇다고 춥지도 않은 날씨에 자갈이 깔린 구불구불한 길을 따라 걷는 것이 참 즐거웠다. 거리 곳곳에는 직접 만든 추르츠켈라와 뜨끌라삐를 비롯해 각종 향신료와 화려한 패턴의 카펫, 귀여운 아기 신발 등이 손님을 기다리고 있었다. 두꺼운 양털모자와 핸드메이드 양말은 사계절 내내 그 자리를 지키는지 매번 올 때마다 진열대를 떠나지 않고 손님을 맞이하고 있었다.

특별한 목적지 없이 걷다 보면 자연스럽게 시그나기를 둘러싸고 있는 성벽에 다다를 수 있다. 성벽을 따라 걷다 보면 성벽 꼭대기에 올라갈 수 있는데 그곳에서 바라보는 알라자니 밸리Alazani Valley 평원의 경관이 아주 빼어나다. 불어오는 시원한 바람이 땀을 식혀주고 끝이 안 보이는 드넓은 평원은 시력까지 좋아지게 만드는 것 같았다. 시그나기에 왔다면 가벼운 마음으로 동네를 슬슬 걸어보자. 거리 곳곳에서 마주치는 소소한 즐거움이 큰 행복을 가져다줄 것이다.

● 아기자기한 시그나기의 자갈길.
➔ 길거리에서 파는 다양한 수제 제품.

🔼 성벽길 앞으로 펼쳐진 알라자니 밸리 평원.

🔼🔼 성녀 니노가 묻힌 곳이자 그녀의 유물을 보관하고 있는 시그나기의 보드베 수도원. 수녀들이 단정하게 가꾼 녹색 정원과 어우러져 더욱 아름답게 빛난다.

❹ 스떼판츠민다

조지아에 올 단 하나의 이유가 되는 곳

'까즈베기ყაზბეგი, Kazbegi'라는 이름으로 더 잘 알려진 '스떼판츠민다 სტეფანწმინდა, Stepantsminda'는 러시아 땅과 인접한 북쪽 끝의 산악 마을이다. 이곳에 위치한 '까즈벡 산Mt. Kazbek'은 '얼음산'이라는 이름에서 알 수 있듯이 한여름에도 녹지 않는 멋진 만년설을 자랑한다. 전설에 따르면 그리스 신화에 나오는 프로메테우스가 불을 훔쳐 인간에게 가져다준 죄로 독수리에게 간을 쪼아 먹히는 형벌을 받은 곳이 바로 이 까즈벡 산이라고 한다.

트빌리시부터 스떼판츠민다로 향하는 길은 이루 말할 수 없이 아름답다. 세계에서 가장 아름다운 산악 도로 중 하나로 손꼽히는 조지아 군사 도로Georgian Military Highway 주변으로는 푸르른 녹색 자연이 360도 파노라마 장관을 연출한다. 이 도로를 달리고 또 달리다 기온이 서늘해질 때쯤이면 드디어 스떼판츠민다 마을에 다다른 것이다. 여름에도 이곳은 서늘한데 겨울이면 눈이 많이 쌓여 오기가 힘들다.

이 마을의 산 중턱에 있는 '게르게티 삼위일체 성당Gergeti Trinity Church'은 조지아에 올 단 하나의 이유가 될 정도로 중요한 의미를 가진 곳이다. 조지아 사람들은 이 성당을 삼위일체라는 뜻의 '츠민다 사메바წმინდა სამება, Tsminda Sameba'라고 부른다. 마을 아래에서 금방이라도 하늘에 닿을 것같이 높은 자리에 올라서 있는 츠민다 사베마를 바라보고 있으니 잊고 살았던 감정인 경외심이 밀려왔다.

성당에 가려면 험준한 길을 거쳐야 한다. 보통 사륜구동의 튼튼한 차가 사람들을 이곳으로 실어 나르는데 오르막길이 아주 울퉁불퉁해 차가 이리저리 들썩거린다. 기사님은 '조지안 마사지'라고 농담을 건네며 여행객들을 안도시킨다. 조지아 사람들이 이렇게 험준한 산 위로 성당을 지을 수밖에 없었던 이유를 생각하면 더욱 큰 감동이 몰려온다. 쉽게 닿기 힘든 만큼 아주 소중한 것들, 이를테면 '니노의 십자가'와 같은 유물이 이곳에 보관되어 있었다고 한다. 성당에 올라서면 스떼판츠민다 마을의 집들이 콩알보다도 작게 보인다. 마치 벙거지를 쓴 모습처럼 산 위에 살포시 내려앉은 구름은 그 분위기를 더욱 몽환적으로 만든다.

여유로운 여행자들은 이곳의 가장 유명한 호텔인 '룸스 호텔Rooms Hotel'에서 시간을 보낸다. 조지아 신혼부부의 인기 신혼여행 장소로도 손꼽히는 이 호텔은 스떼판츠민다의 그림 같은 풍경을 감상할 수 있는 특급 호텔이다. 숙박하지 않아도 호텔 테라스에서 커피를 마실 수 있다. 이제 막 가을이 되려는 듯 조금은 차가운 바람을 맞으며 테라스 나무 덱에서 이곳을 두 눈에 담았던 시간은 형용하기 어려울 만큼 아름다웠고 그 여운은 오래도록 마음속에 맴돌았다.

⬇ 이곳에 사는 가축들은 참 평화로워 보인다.

⬆ 성당에 올라가서 내려다보는 스떼판츠민다 마을. 산이 구름 모자를 쓴 것 같다.

⬆⬆ 조지아에 올 이유가 되는 게르게티 삼위일체 성당.

오래된 케이블카가 있는 광산 도시

찌아투라ჭიათურა, Chiatura는 망간과 철광석 산지로 유명한 조지아의 오랜 광산 도시이다. 구소련의 흔적을 곳곳에서 느낄 수 있는 아주 역사 깊은 지역이기도 하다. 나는 그 시절의 케이블카를 타기 위해 조지아 직원들과 함께 찌아투라를 방문했다. 사바길로საბაგირო, Sabagiro라고 불리는 이 케이블카는 스탈린의 명령으로 지어져 가파른 산악과 계곡이 위치한 이곳에서 노동자들을 실어 나르는 역할을 했다.

찌아투라에 도착해보니 한때 구소련 경제의 한 주축을 담당했던 도시라고는 믿기지 않을 만큼 조용하고 낡은 풍경이 자리 잡고 있었다. 그 시절 활발하게 운행됐던 사바길로의 대부분은 운행을 멈추었고 몇 개만이 녹이 슨 채로 지역 주민들과 간간이 이곳을 방문하는 여행자들을 태워 나르고 있었다.

나는 2개의 사바길로를 타는 행운을 얻었다. 첫 번째 사바길로는 원래부터 흑갈색이었던 건지 녹이 슬어 이 빛깔을 띠게 된 건지 모르겠는, 보기에도 아주 낡은 사바길로였다. 어린 남학생 두 명도 이 사바길로를 기다리고 있었다. 남학생들은 처음 보는 한국인이 신기한지 쑥스러워하더니 이내 신난 모습으로 찌아투라에 대해 이것저것 설명해 주기 시작했다. 그날은 평일이었는데 왜 학교에 가지 않았냐고 물어보니 그냥 가기 싫어서 안 갔다고 했다. 영락없는 사춘기 소년들이었다. 10분쯤 기다렸을까, 운행을 도와주시는 기사님 한 분이 오셔서 얼른 사바길로에 올라타라고 손짓하셨다. 요금은 무료였다. 내부는 생각보다 컸고 빛바랜 분홍색 철판이 벽을 감싸고 있었다.

총 9명이 사바길로에 몸을 실었다. 내부에는 큰 창문이 있었는데 직접 여닫을 수 있어서 자칫하면 물건이 떨어질까 봐 조마조마했다. 기사님이 수동 장치를 만지니 바로 사바길로가 출발했다. 트빌리시의 현대식 케이블카와는 확연히 대조되는 모습이었다. 이 오래된 사바길로가 운행된다는 게 신기해서 여기저기 둘러보고 싶은 마음이 앞섰는데 혹시 이리저리 움직이다가 사바길로가 멈춰서기라도 할까 봐 경직된 몸으로 서 있기 바빴다. 그런 우리와는 다르게 남학생들과 주민들은 의자에 가만히 앉아 평온한 얼굴로 우리를 지켜보고 있었다.

한때 찌아투라의 노동자들은 아주 열악한 환경에서 장시간 중노동에 시달렸다고 한다. 삐걱거리는 소리를 내는 사바길로가 마치 그들의 이야기를 들려주는 것만 같았다. 한참을 올라가니 사바길로가 멈춰 섰다. 도착해서 내린 곳의 모습은 참으로 낯설었는데 모두가 이곳을 놔두고 떠나버린 것 같았다. 이곳에 사람들이 정말 살았을까 하는 의문이 들 만큼 건물들은 텅텅 비어있었다.

또 다른 사바길로로 발걸음을 옮겼다. 이번에는 파란색의 사바길로였다. 첫 번째 탔던 사바길로보다 훨씬 더 오래돼 보였다. 작게 나 있는 동그란 창문은 철장으로 덮여있어 빛이 거의 들어오지 않았다. 도착한 곳은 찌아투라의 산악지역이 훤히 내려다보이는 꼭대기였다. 저 멀리 산 중턱에 설치된 조지아 국기와 찌아투라 팻말이 우리를 맞이해주었다.

우리와 여정을 함께 한 남학생들과 함께 식당을 찾아 이른 저녁을 함께했다. 직원들과 남학생들 사이에서 힌깔리를 몇 개까지 먹을 수 있는지 내기가 벌어졌다. 먹성 좋은 남학생들이 보란 듯이 힌깔리를 해치웠다. 문득

⬆ 첫 번째 탔던 사바길로. 사람들이 사바길로를 타고 내려가기 위해 기다리고 있다.

⬆⬆ 두 번째 탔던 사바길로. 큰 개가 사바길로 앞을 지키고 있다.

각자 다른 환경에서 자란 사람들이 지금 이렇게 함께 있다는 게 참 신기하다는 생각이 들었다. 서로 공감할 수 있는 건 지금 먹는 힌깔리가 맛있다는 것뿐이 아니었을까. 그들과 함께 한 식사가 나에게 너무나 특별했듯이 그들에게도 소중한 추억으로 남길 바랐다.

　찌아투라는 마치 타임머신을 타고 시간을 거슬러 엿보는 과거의 도시 같았다. 찌아투라는 현재 새로운 케이블카를 건설하기 위해 개발에 힘쓰고 있다고 한다. 이 오래된 사바길로는 어떤 역사로 기억될까? 10년 뒤 찌아투라의 모습을 상상해보면서 다시 트빌리시로 향했다.

⬆ 사바길로를 타고 올라가면 보이는 찌아투라의 낯선 풍경.

흑해와 맞닿은 여름의 도시

바투미ბათუმი, Batumi는 흑해와 맞닿아 있는 조지아의 대표적인 여름 휴양지이며 튀르키예로 이동할 수 있는 사르피სარფი, Sarpi 국경이 위치한 조지아의 최서단 항구 도시이다. 여름에 바투미에 가면 튀르키예인들뿐만 아니라 유럽 각지에서 피서를 즐기러 온 관광객들로 도시가 분주하다.

바투미는 지금껏 보았던 조지아의 모습과는 전혀 다른 새로움을 선사한다. 여름의 도시답게 거리는 자유롭고 활기찬 축제 분위기로 가득하다. 세련된 현대식 건물들은 마치 두바이를 겨냥하듯 높이 솟아있다. 곳곳에 심어있는 야자수 덕분에 휴양 도시의 분위기는 더욱 살아난다. 햇볕이 쨍쨍한 낮에는 바다에서 수영을 즐기고 해 질 녘에는 수변공원에서 아름다운 일몰을 배경 삼아 자전거를 탄다면 그만한 휴가가 따로 없을 것이다.

🔴 바투미의 유럽 광장. 시민들이 사랑하는 휴식처로, 고풍스러운 건물로 둘러싸여 있다.

저녁이 되면 바투미의 분위기는 더욱 무르익는다. 건물들에 하나둘씩 조명이 켜지면서 도시는 그 자태를 드러낸다. 이곳에는 카지노가 활발히 운영되고 있으며 고급 식당과 바, 호텔 또한 즐비하다. 바투미에 왔다면 이곳 아짜라 지역에서 유래한 '아짜룰리 하짜뿌리'와 흑해에서 잡아 올린 신선한 생선구이를 맛보는 것도 잊지 말자.

🔼 아제르바이잔 소년 '알리'와 조지아 소녀 '니노'의 사랑 이야기가 담긴 '알리와 니노' 동상. 그 뒤로 관람차, 오른쪽에는 조지아 알파벳 타워가 보인다.

🔼 바투미의 해변가 그리고 아름다운 야경.

함께가자

바투미에서 튀르키예 다녀오기

⬆ 튀르키예의 우준괼(Uzungöl).

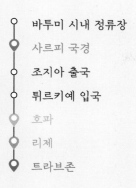

바투미 시내 정류장
사르피 국경
조지아 출국
튀르키예 입국
호파
리제
트라브존

흑해

조지아

튀르키예

걸어서 튀르키예 땅으로

바투미 시내 정류장에서 마르슈쁘까를 타고 40분만 달리면 튀르키예로 향하는 사르피 국경^{Sarpi Checkpoint}에 다다를 수 있다. 바로 이곳에서 걸어서 튀르키예 땅을 밟을 수 있다. 큰 준비물은 필요하지 않다. 튀르키예는 90일 동안 무비자로 체류할 수 있으니 여권만 잘 챙겨가면 된다. 숙소를 바투미에 잡았다면 가벼운 가방 하나만 들고 튀르키예에 다녀올 수도 있다. 다만 사르피 국경에서 환전소를 찾기 어려우니 바투미에서 미리 튀르키예 돈을 환전해가는 것이 좋겠다.

조지아 출국 수속 절차를 밟고 국경 통로 안을 따라 쭉 걷다가 튀르키예 입국 수속 절차가 끝나고 통로를 빠져나오면 짜잔! 바로 튀르키예 땅에 발을 딛는 것이다. 몇 걸음만으로 다른 언어와 다른 문화를 가진 나라로 갈 수 있다니 참 놀라울 따름이었다. 게다가 튀르키예는 조지아보다

시차가 한 시간 더 느리니 돈을 주고도 살 수 없는 한 시간이라는 선물을 공짜로 얻은 셈이다.

국경을 빠져나오자마자 이곳이 튀르키예임을 알려주듯 튀르키예의 이슬람 사원이 그 자태를 뽐내고 있었다. 출출한 여행자들의 허기를 달래주는 길거리 케밥 냄새는 튀르키예 땅을 밟았음을 다시 한 번 느끼게 해주었다.

"부유룬, 부유룬Buyurun, 어서오세요(여기 있습니다)!"

국경 근처에서는 정신 없이 사람들을 모으는 소리와 함께 튀르키예식 마르슈뜨까인 돌무쉬Dolmuş 가 우리를 기다리고 있었

🔼 사르피 국경으로 가기 위해 바투미 시내 정류장에서 마르슈뜨까를 탔다.
🔼🔼 조지아와 튀르키예를 잇는 사르피 국경.

다. 튀르키예인들은 정말 친화력이 좋은 민족이다. "어느 나라에서 왔니?"라는 질문부터 시작해 "어떻게 오게 됐니?", "튀르키예에 와 본 적 있니?"라고 물으며 친근함을 표현한다.

⬆ 사르피 국경을 넘으면 바로 이슬람 사원이 보인다.

튀르키예의 다른 지역으로 가는 버스 타기

튀르키예 땅에 도착한 뒤 가깝게는 튀르키예의 호파^{Hopa} 지역으로, 조금 더 달려서는 홍차의 도시 리제^{Rize}와 흑해가 품은 도시 트라브존^{Trabzon}까지 하루 또는 1박 2일 코스로 다녀오기에도 좋다. 앙카라^{Ankara}, 삼순^{Samsun} 등 튀르키예의 다른 지역으로 이동하기 위해서는 먼저 호파까지 간 다음에 호파의 버스 터미널에서 대형 버스를 이용하면 된다.

튀르키예 버스 정보 사이트

아래 사이트에서 튀르키예의 버스 운행 시간, 가격 및 남은 좌석 정보 등을 미리 확인할 수 있다. 온라인으로 예약하려면 사이트에 따라 튀르키예 ID 카드 번호를 입력해야 하는 경우가 있다. 따라서 온라인 사이트는 정보를 미리 파악하는 용도로 이용하고 버스 터미널 내에 있는 버스 회사에서 티켓을 직접 구매하면 된다.

- **obilet**
  🌐 www.obilet.com(모바일 어플 : obilet)

- **nereden nereye.com**
  🌐 www.neredennereye.com

⬆ 📍 호파 | 흑해를 따라 펼쳐진 산책로에 가만히 앉아 흑해를 구경했다.

↑ ◉ 리제 | 대표적인 홍차의 산지 리제에서 튀르키예 차이를 맛보았다.

장거리 버스를 타는 것에 자신이 있다면 아예 트빌리시부터 튀르키예까지의 여정을 계획할 수도 있다. 거대한 대륙을 달리고 또 달리는 것이다. '오르타짤라ორთაჭალის, Ortachala'라고 불리는 트빌리시 버스 터미널에서는 튀르키예의 트라브존은 물론 수도 앙카라와 대도시 이스탄불Istanbul 등으로 곧장 갈 수 있는 버스가 있다. 중간중간에 화장실도 들리고 식당도 들린다. 나는 트빌리시에서 앙카라까지 버스를 타고 가본 적이 있는데 약 24시간이 소요됐다. 꼬박 하루 동안 버스 안에 있어야 해서 허리가 배기긴 했지만 고생한 기억보다 즐거운 기억이 더 많은 여정이었다.

튀르키예에서 버스를 이용할 때는 유의해야 할 것이 한 가지 있다. 조지아와 튀르키예에서는 지역을 부르는 명칭이 서로 다르다. 예를 들어 바투미는 조지아에서 '바투미Batumi'라고 하지만 튀르키예에서는 '바툼Batum'이라고 한다. '사르피Sarpi'는 튀르키예에서는 '사르프Sarp'라고 한다. 목적지를 말할 때나 버스 정보 사이트에서 지역명을 검색할 때 주의하도록 하자. 참고로 조지아어로 튀르키예를 '툴케티თურქეთი, Turketi', 튀르키예어로 조지아를 '규르지스탄Gürcistan'이라고 한다.

① 📍 리제 | 높은 언덕에 위치한 카페에서 내려다보는 리제의 풍경. 저 멀리 흑해가 보인다.

① ● 트라브존 | 트라브존 중앙광장은 활기가 넘쳤다.

📷 📍트라브존 | 길 고양이가 시원하게 펼쳐진 흑해를 바라보고 있다.
📷📷 📍트라브존 | 길을 걷다 꿈속같이 아름다운 공원(Zağnos Vadisi Parkı)을 발견했다.

노아의 방주가 함께하는 땅, 아르메니아

❶ 바다가 없는 아르메니아에서 바다 역할을 하는 세반 호수(Sevan Lake).

아르메니아

(Republic of Armenia · Հայաստանի Հանրապետություն)

인구	약 278만 명 PopulationPyramid.net(2022) 기준
면적	29,743km² 대한민국 면적의 약 3분의 1
언어	아르메니아어 Հայերեն
종교	아르메니아 사도교회, 기타 기독교 종파 등
수도	예레반 Yerevan
주요도시	세반 Sevan, 귬리 Gyumri, 딜리잔 Dilijan 등
시차	한국 시간보다 5시간 느리다.
통화	드람 Dram, ֏
1인당 GDP	4,622.73 / 세계 90위 통계청 KOSIS(2019) 기준
비자	한국인 180일 무비자.
기후	여름은 한국보다 덜 덥고 겨울은 한국보다 덜 춥다.
키워드	#아라랏 #브랜디 #라바시 #세반호수 #살구 #석조건물

아르메니아의 상징, 아라랏

아르메니아는 301년, 세계 최초로 기독교를 국교로 받아들인 나라이다. 이는 로마 제국보다 훨씬 앞선 것으로 이 사실 하나만으로도 꼭 방문해 볼 가치가 있는 특별한 나라이다. 우리가 잘 알고 있는 '노아의 방주'가 멈춰 선 곳이 바로 아르메니아의 '아라랏 산^{Mt. Ararat}'이라고 전해 내려온다. 날씨가 좋은 날이면 수도인 예레반에서 아라랏 산을 뚜렷하게 볼 수 있는데 아라랏 산은 아르메니아 국장 문양 한가운데에 그려져 있을 정도로 중요한 의미가 있다. 그뿐만 아니라 아르메니아에는 아라랏 은행, 아라랏 브랜디, 아라랏 호텔과 같이 브랜드 이름에 '아라랏'이 들어간 것이 정말 많다. 조지아의 사다클로სადახლო, Sadaklo 국경을 넘어 아르메니아로 들어가는 입국 수속을 마치고 나면 환전을 할 수 있는 '아라랏 은행^{Ararat Bank}'이 제일 먼저 보이는데, 이때 진짜 아르메니아 땅을 밟았음을 실감할 수 있다.

⬆ 코비랍 수도원 뒤로 아라랏 산이 선명하게 보인다.

오랜 역사를 가진 아르메니아어

아르메니아는 조지아와 마찬가지로 1991년 구소련으로부터 독립해 지금의 모습을 갖추게 되었다. 조지아 사람들과 아르메니아 사람들이 어떤 언어로 소통하는지 궁금했는데 러시아어로 이야기를 주고받는 모습을 볼 수 있었다. 그렇다면 아르메니아에도 고유 언어가 있을까? 아르메니아에는 조지아어만큼 특별하게 생긴 '아르메니아어'가 있다. 아르메니아 문자는 아르메니아의 학자이자 신학자, 정치가, 작곡가인 메스로프 마슈토츠Սուրբ Մեսրոպ Մաշտոց, Mesrop Mashtots가 404년 창조했다.

아르메니아 알파벳은 얼핏 보면 조지아 알파벳과 비슷한 느낌이 든다. 하지만 두 언어는 전혀 다르다. 조지아 알파벳 모양이 곡선적이라면 아르메니아 알파벳은 직선적이고 딱 떨어진다. 문자 체계 또한 다르다. 조지아어에는 대소문자 구별이 없지만 아르메니아어는 대소문자를 구분한다. 무엇보다 신기했던 점은 아르메니아어의 독특한 문장부호이다. 아르메니아에서는 그들만의 독자적인 문장부호를 사용하는데 예를 들어 한국어와 영어에서 온점(.)으로 표현하는 마침표를 아르메니아에서는 쌍점(:)으로 표현한다. 아르메니아를 왕래하면서 간단한 인사말을 배워보았는데 한국어에는 없는 신기한 발음들이 참 매력적이었다. 아르메니아어로 '안녕하세요.'는 '바레브Բարեւ: Barev.'라고 한다.

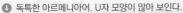

🔵 독특한 아르메니아어. U자 모양이 많아 보인다.

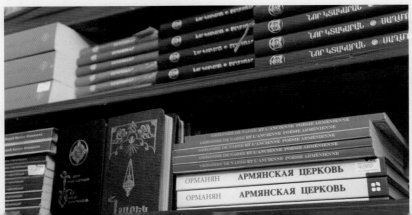

아르메니아에서 무엇을 먹을까?

윈스턴 처칠이 반한 아르메니아 브랜디

아르메니아는 코카서스 3국 중에서 인구와 면적이 제일 작고, 국토 대부분이 산인 데다가 길도 험한 곳이 많다. 그럼에도 불구하고 계속해서 관광지 개발과 경제개발 및 정치개혁을 통해 국가 경쟁력을 키우는 데 힘쓰고 있다. 그 결과물 중 하나가 바로 브랜디다. 1945년, 2차 세계대전이 끝나갈 무렵 러시아 얄타Yalta에서 열린 얄타 회담에서 연합국 정상들이 모였을 때 영국의 윈스턴 처칠 총리가 아르메니아 브랜디를 처음 맛보고 감탄하자 스탈린이 처칠에게 아르메니아 브랜디를 1년 365일 음미하라며 매년 400병을 선물했다는 전설 같은 이야기가 있다. 아르메니아에서는 도수 높은 브랜디와 함께 달콤한 초콜릿을 곁들여 먹는다.

❶ 아라랏 브랜디 팩토리에서 브랜디를 맛보았다. 아주 진하고 풍미가 깊었다.
❷ 팩토리에는 처칠이 즐겼던 브랜디를 포함해 다양한 브랜디가 연대기별로 전시되어 있다.

승리의 상징, 살구

조지아가 포도로 유명하다면, 아르메니아는 탐스러운 살구로 유명하다. 살구는 아르메니아아에서 '승리'의 상징이다. 살구를 활용한 요리도 아주 많다. 제주도에 가면 한라봉 초콜릿이 있는 것처럼 아르메니아에는 살구 초콜릿이 있는데 새콤달콤하니 아주 맛이 좋다. 쫀득한 말린 살구도 인기가 좋다. 살구를 이야기하자면 살구나무로 만든 아르메니아의 전통악기인 '두둑Duduk'도 빼놓을 수 없다. 두둑은 매우 슬프면서도 아름다운 소리를 내는 관악기이다. 마치 아르메니아의 한이 서려 있는 듯하다. 관광객들을 위해 두둑을 연주해주는 식당도 종종 찾아볼 수 있다. '두둑과 그 음악 Duduk and its Music'은 그 중요성을 인정받아 2008년, 유네스코 무형문화유산으로 등재되었다.

행운의 상징, 가타

가타Gata는 아르메니아의 대표 디저트이다. 폭신폭신하고 달콤한 빵인데 독특한 문양이 눈에 띈다. 주로 허브티 등의 따뜻한 차 또는 커피와 함께 즐긴다. 관광지에 가면 가타를 파는 상인들을 쉽게 만나볼 수 있다. 축제 때가 되면 가타를 성대하게 준비한다. 이때 가타 속에 동전을 함께 넣어 굽는데 이 동전이 나오는 조각을 먹는 사람은 행운을 얻는다고 한다.

⬆ 예레반 플리마켓에서 두둑을 팔고 있다.
⬆⬆ 관광지에서 파는 큰 가타가 먹음직스러워 보인다.

꺼지지 않는 불의 나라, 아제르바이잔

🔴 바쿠의 조선소.

아제르바이잔
(Republic of Azerbaijan · Azərbaycan)

인구	약 1,035만 명 PopulationPyramid.net(2022) 기준
면적	86,600km² 대한민국 면적의 약 80%
언어	아제르바이잔어 Azərbaycan dili
종교	이슬람교, 정교회 등
수도	바쿠 Baku
주요도시	숨가이트 Sumqayit, 간자 Ganja, 쉐키 Sheki 등
시차	한국 시간보다 5시간 느리다.
통화	마낫 Manat, ₼
1인당 GDP	USD 4,793.59 / 세계 88위 통계청 KOSIS(2019) 기준
비자	한국인 비자 발급 필요. 온라인으로 받을 수 있다.
기후	여름은 한국보다 덜 덥고 겨울은 한국보다 덜 춥다.
키워드	#불 #조로아스터교 #산유국 #케밥 #카스피해 #카펫

이렇게 화려할 수가

아제르바이잔은 코카서스 3국 중에서 면적이 제일 넓고 인구도 가장 많으며 유일하게 기름이 나오는 산유국이다. 풍부한 석유와 천연가스 덕분에 GDP도 3국 중 제일 높다. 옛것을 보러 코카서스로 여행을 왔는데 바쿠에 먼저 도착한다면 그 화려함에 눈이 휘둥그레질 수도 있다. 공항도 번지르르하다. 바쿠에 위치한 헤이다르 알리예프 국제공항^{Heydar Aliyev} ^{International Airport} 제1터미널은 2018년 영국의 국제 항공 평가 기관^{Skytrax}에서 무려 5성급 등급을 받았다. 바쿠는 정말 화려하고 큰 도시이다. 바쿠에 와서 처음 느낀 인상은 '와, 정말 널찍널찍하다.'였다. 도로도 넓고, 공원도 넓고, 사람들도 크고, 케밥도 아주 크다.

여기도 불, 저기도 불, 불의 나라

아제르바이잔을 한마디로 표현하자면 '1년 365일 꺼지지 않는 불의 나라'이다. 아제르바이잔인들은 이슬람이 전파되기 이전 '불'을 소중히 여기는 조로아스터교를 믿었다. 불과 관련된 키워드는 아제르바이잔 곳곳에서 찾아볼 수 있다. 바쿠의 랜드마크인 '프레임 타워^{Flame Towers}'는 세 개의 불꽃을 형상화한 모습인데 해가 지고 나면 이 건물의 겉면에는 불 모양이나 국기 모양 등 밤하늘을 밝히는 화려한 LED 쇼가 펼쳐진다. 땅속에서 새어 나오는 천연가스로 인해 4천 년 넘게 불이 꺼지지 않고 활활 타오르는 산도 있다. 기름이 넘쳐나서일까, 건강 증진을 위한 호화스러운 석유 목욕^{Petroleum Spa}도 발달했다. 바쿠의 동쪽으로는 카스피해^{Caspian Sea}가 펼쳐져 있는데 그 주변으로 정유 및 가스회사들이 빼곡히 들어서 있다. 이곳 카스피해에서 잡히는 캐비어는 인기가 좋아 값비싸게 팔린다.

튀르키예는 베스트 프렌즈

국기에서도 유추할 수 있겠지만 아제르바이잔과 튀르키예는 서로 떼려야 뗄 수 없는 영원한 단짝이다. 서로 상부상조하는 관계인 것이다. 아제르바이잔에 가보니 튀르키예와 닮은 부분이 정말 많은 것 같았다. 아제르바이잔 곳곳에서 아제르바이잔 국기와 튀르키예 국기가 나란히 걸려 있는 모습을 흔히 볼 수 있는 것은 물론, 튀르키예 브랜드의 제품도 쉽게 찾을 수 있었다. 튀르키예가 한국을 '형제의 나라'라고 생각해서인지 아제르바이잔 사람들도 한국인을 격하게 환영하고 반가워해 주었다. 조지아와 아르메니아에서 겪은 친절과는 다른 또 다른 부류의 친절함이었다. 사람들에게 길을 물어보니 아예 목적지까지 데려다주기도 했다. 그만큼 정 많고 호기심 많은 이들이다.

튀르키예어와 비슷한 아제르바이잔어

영어 울렁증이 있어도 외국에 나가면 영어만큼 반가운 게 없다. 아제르바이잔어도 영어처럼 로마자를 쓰기 때문에 영어를 할 줄 아는 사람이면 몇 개의 알파벳을 제외하고는 아제르바이잔어를 쉽게 읽을 수 있다.

🔴 쉐키 지역의 한 찻집. 아제르바이잔 국기와 튀르키예 국기가 나란히 놓여있다.

역사 속 고서를 펼치면 나올 것 같이 생긴 조지아어와 아르메니아어만 보다가 아제르바이잔에 딱 도착하면 거리의 글자들이 너무나 친숙하게 느껴질 것이다.

아제르바이잔어는 튀르키예어와 매우 유사한데, 튀르키예에 머물던 시절 사용하던 튀르키예어를 아제르바이잔에서 똑같이 사용했을 때 크게 문제없이 의사소통할 수 있었다. 다만 억양이나 발음, 단어와 알파벳이 약간씩 다르다. 예를 들어 튀르키예어로 '어떻게 지내?'라는 말은 '나슬슨^{Nasılsın}?'이라고 하고 아제르바이잔어로는 '네제센^{Necəsən}?'이라고 한다. 마치 튀르키예어의 사투리 버전처럼 들린다. 아제르바이잔에서 그냥 튀르키예어로 '나슬슨?'이라고 말해도 모두 다 알아듣고 대답을 해주었다. 또, 단어를 예시로 들면 '할인'이라는 말은 튀르키예어로 '인디림^{İndirim}', 아제르바이잔에서는 '엔디림^{Endirim}'이라고 한다.

아제르바이잔에서는 튀르키예어에는 없는 특별한 알파벳이 3개 있다. 그것은 x^{kh}와 ə^{ae}, q^{g}이다. 예시를 한 번 살펴보자. 튀르키예어로 '고마워'는 'Teşekkürler^{테쉐뀰레르}'라고 한다. 그런데 아제르바이잔어로는 'Təşəkkürlər^{테쉐뀰레르}'이다. 무슨 차이인가 싶겠지만 자세히 보면 e가 다 뒤집힌 ə모양이다! 발음도 살짝 다르다. a와 e의 중간 발음이라고 생각하면 된다. 그러니까, 'ə'발음은 'e'보다 살짝 입을 더 웃는 모양을 하면서 발음한다. 아제르바이잔에 갈 때마다 이 발음을 열심히 따라 해보았는데 내 발음이 어색한지 연신 배운대로 잘 따라 하질 못했다. 발음을 잘 내진 못했지만 같은 듯 다른 튀르키예와 아제르바이잔의 차이를 알아가는 건 정말 특별한 여정이었다.

⬆ 바쿠의 불바르 공원(Boulevard Park)에서 보는 프레임 타워의 LED 쇼.

아제르바이잔에서 무엇을 먹을까?

뜨거운 차와 함께 하는 식탁

아제르바이잔 사람들은 뜨거운 것을 좋아해서 차도 뜨겁게 마신다. 차를 마시다가 식으면 그냥 버려 버린다. 과연 불의 나라답다. 기름진 육류를 즐겨 먹기 때문에 이렇게 차를 마시는 문화도 함께 발달했다. 아제르바이잔 사람들은 가족, 이웃, 친구와 함께 차를 마시며 이야기를 나누고 행복한 시간을 보낸다. 아제르바이잔에서 마시는 차는 홍차인데 보통 레몬

을 같이 넣어서 마신다. 레몬 조각을 차에 풍덩 넣어도 되고 레몬즙만 살짝 뿌려도 좋다. 쓴맛의 홍차와 신맛의 레몬과의 조화라니. 씁쓸하면서도 시큼한 맛이 처음에는 어색했는데 점점 그 오묘한 매력에 빠져들었다.

🔼 레몬을 넣어먹는 아제르 차이.

아제르바이잔식 철판구이 그리고 와인

아제르바이잔에 간다면 아제르바이잔의 정취가 느껴지는 곳에서 아제르바이잔식 철판구이인 '사즈Saj'를 꼭 맛보자. 기름을 가득 머금은 야들야들한 고기와 부드럽게 익힌 채소를 한입 가득 먹으면 절로 어깨춤이 날 것이다. 거기에 '쵸레크Çörək'라고 불리는 아제르바이잔의 빵도 빼놓을 수 없다. 겉은 바삭하고 속은 쫄깃한 게 자꾸만 손이 간다. 모양도, 맛도 다른 코카서스 3국의 빵을 비교하며 맛보는 것도 즐겁다. 단연 조지아 와인의 역사가 깊다지만, 아제르바이잔 와인을 아예 언급하지 않으면 섭섭하

다. 이슬람 문화권 국가여서 술이 흔하지 않을 줄 알았는데 아제르바이잔에도 우수한 와인이 많았다. 바쿠의 한 여행사에서 일하는 직원은 아제르바이잔 와인이 정말 최고라며 귀가 닳도록 이야기해주었다. 아제르바이잔도 품질 좋은 와인 개발에 힘쓰고 있으며 와인 투어 상품도 점점 더 많이 생겨나고 있다. 이 책을 덮을 때쯤이면 그저 와인을 위해서라도 코카서스 3국의 다양한 맛을 느껴보기 위해서라도 이곳을 방문해 보고 싶은 마음이 새록새록 피어날 수 있기를 바란다.

↑ 기름진 아제르바이잔식 철판구이 사즈.

니니의
비밀
노트

일 년 살기 충분한
조지아어 배우기

오밀조밀 예쁘긴 예쁜데 도무지 어떻게 공부해야 할지 모르겠는 조지아어! 걱정하지 않아도 된다. 여기까지 왔다면 반은 성공한 것이나 다름없다. 어떻게든 조지아어를 배우려고, 한마디라도 더 많이 하려고, 발품 팔고 시행착오를 겪으면서 터득한 니니의 비밀 요약 노트를 따라 조지아어를 쉽게, 즐겁게 만나보자!

01

니니가 알려주는 조지아 알파벳

* 아래 조지아 알파벳은 외우기 쉽도록 모양과 발음이 비슷한 것끼리 묶어 새롭게 분류한 방식이다.

조지아 알파벳	영어 발음	한국어 발음	예시 단어
모음			
ა	a	아	ალუბალი alubali 알루발리 : 체리
ე	e	에	ეკლესია ek'lesia 에끌레시아 : 교회
ი	i	이	ირემი iremi 이레미 : 사슴
ო	o	오	ოჯახი ojakhi 오자키 : 가족
უ	u	우	უთო uto 우토 : 다리미
자음			
ბ	b	브	ბავშვი bavshvi 바브슈비 : 아기
გ	g	그	გოგო gogo 고고 : 소녀
ღ	gh	그흐	ღრუბელი ghrubeli 그루벨리 : 구름
დ	d	드	დედა deda 데다 : 어머니
ძ	dz	즈	ძაღლი dzaghli 자흘리 : 개
პ	p'	쁘	პური puri 뿌리 : 빵
კ	k'	끄	კაცი katsi 까치 : 남자
ვ	v	브	ვაშლი vashli 바쉴리 : 사과

ლ	l	르	ლიმონი limoni 리모니 : 레몬
რ	r	르	რძე rdze 르제 : 우유
მ	m	므	მარილი marili 마릴리 : 소금
ნ	n	느	ნაყინი naq'ini 나끼니 : 아이스크림
პ	p	프	ფოტოაპარატი pot'oap'arat'i 포또아빠라띠 : 카메라
ზ	z	즈	ზამთარი zamtari 잠타리 : 겨울
ჟ	zh	즈흐	ჟირაფი zhirapi 지라피 : 기린
ჯ	j	즈	ჯიბე jibe 지베 : 주머니
თ	t	트	თაფლი tapli 타플리 : 꿀
ტ	t'	뜨	ტორტი t'orti 또르티 : 케이크
ს	s	스	საქართველო sakartvelo 사카르트벨로 : 조지아
შ	sh	스흐	შოკოლადი shok'oladi 쇼꼴라디 : 초콜릿
კ	k	크	ქალი kali 칼리 : 여자
ყ	q'	ㄲ	ყველი q'veli ㄲ벨리 : 치즈
ხ	kh	크흐	ხილი khili 킬리 : 과일
ჩ	ch	츠	ჩანთა chanta 찬타 : 가방
ც	ts	츠	ცხვარი tskhvari 츠흐바리 : 양
წ	ts'	츠	წყალი ts'q'ali 츠깔리 : 물
ჭ	ch'	쯔	ჭიქა chika 찌카 : 컵
ჰ	h	흐	ჰაერი haeri 하에리 : 공기

გ	ა	ᱨ	მ	ა	რ	ჯ	ო	ბ	ა
g	a	m	a	r	j	o	b	a
ㄱ	ㅏ	ㅁ	ㅏ	ㄹ	ㅈ	ㅗ	ㅂ	ㅏ

안녕하세요'라는 뜻의 '가마르조바'를 함께 읽어보자. 자음은 빨간색,
모음은 흰색으로 표기했다. 영어를 읽듯이 조지아어도 자음과 모음을
순서대로 읽으면 된다.

조지아어 동영상으로 배우기

조지아어 알파벳 읽는 법, 조지아어 표현 등 실제 발음을 듣고 공부하고
싶다면 아래 QR코드를 스캔해 들어가 보자.

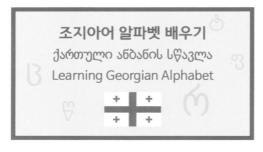

ა	ბ	გ	დ	ე	ვ	ზ	თ
a	b	g	d	e	v	z	t
아	브	그	드	에	브	즈	트

ი	კ	ლ	მ	ნ	ო	პ	ჟ
i	k'	l	m	n	o	p'	zh
이	끄	르	므	느	오	쁘	즈ㅎ

რ	ს	ტ	უ	ფ	ქ	ღ	ყ
r	s	t'	u	p	k	gh	q'
르	스	뜨	우	프	크	그ㅎ	끄

შ	ჩ	ც	ძ	წ	ჭ	ხ	ჯ	ჰ
sh	ch	ts	dz	ts'	ch'	kh	j	h
스ㅎ	츠	츠	즈	츠	쯔	크ㅎ	즈	ㅎ

* 조지아 알파벳은 총 33개이다. 그중 5개의 모음은 빨간색으로 표기했다.

다 비슷비슷하게만 보이는 조지아어, 어떻게 외우면 좋을까? 외우는 방법에는 왕도가 없는 것 같다. 계속해서 눈으로 익히고 듣고 써보면서 외우는 수밖에. 그래도 좀 더 쉽고 재밌게 외우는 방법이 있지 않을까? 나는 마치 한자를 외우듯 연상하면서 조지아 알파벳을 외웠다. 조금이라도 도움이 될 수 있도록 내가 외웠던 방법을 소개해보고자 한다.

1. 모음부터 외우자

조지아 알파벳은 총 33개인데 모음이 5개(ა아, ე에, ი이, ო오, უ우) 뿐이므로 일단 모음부터 외워보자. 모음이 어떤 글자 사이에 위치하든 정석대로 발음하면 된다.

2. 비슷하게 생긴 자음끼리 묶어보자

문제는 자음이다. 비슷하게 생긴 알파벳이 너무 많다. 나는 먼저 모양이 비슷한 것들끼리 한데 묶어 외웠다. 마치 숫자 3같이 생긴 'ვ쁘, ვფ 3브', 그리고 숫자 3을 두 번 겹쳐 쓴 것처럼 생긴 'ვ흐'까지. 이 네 가지는 '쁘끄 브흐' 이렇게 함께 외우는 것이다. '모양이 뭐가 다른 거지?'라고 생각할 수도 있겠지만, 조지아 알파벳은 음악의 계이름처럼 높낮이가 다르다. 그러니까 조지아 알파벳을 쓸 때는 높낮이에 주의해야 한다. 물론 모양도 확연히 다르므로, 계속 보다 보면 이 모양의 미묘한 차이를 구분할 수 있게 될 것이다.

3. 비슷한 발음의 자음끼리 묶어보자

그다음에는 발음이 비슷한 것끼리 묶어보는 것이다. 대표적으로 'ზ, ჟ즈흐 ძ즈'와 'ჰ츠, Ⴁ츠, Ⴚ츠, ჵ쯔'가 있다. 다 같은 발음이 아니다. 이 발음들은 계속해서 들어봐야 그 차이를 알 수 있다. 조지아 친구들이 이 발음들은 다 다른 거라고 연신 설명해 주었는데, 아직도 내 귀에는 다 비슷하게만 들린다. 언젠가는 '즈, 즈흐, 즈'를 '츠, 츠, 츠, 쯔'를 확실하게 구분할 수 있게 되면 좋겠다.

조지아 알파벳과 조금이라도 친해졌다면 이제 다음 장에서 유용한 조지아어 표현들을 함께 배워보자!

02

먹고살려면 이것만 알고 가자, 조지아어 표현

● 인칭 표현

인칭	조지아어	발음
I	მე	me 메
You 단수형	შენ	shen 쉔
He/She/It	ის	is 이스
We	ჩვენ	chven 츠벤
You 복수형 또는 높임말	თქვენ	tkven 트크벤
They	ისინი	isini 이시니
인칭에 따른 be동사 형태		
I am	მე ვარ	me var 메 바르
You are 단수형	შენ ხარ	shen khar 쉔 하르
He/She/It is	ის არის	is aris 이스 아리스
We are	ჩვენ ვართ	chven vart 츠벤 바르트
You are 복수형 또는 높임말	თქვენ ხართ	tkven khart 트크벤 하르트
They are	ისინი არიან	isini arian 이시니 아리안

* 조지아어도 영어처럼 인칭에 따라 be동사가 달라진다.

여기 (=Here)	აქ ak 악
저는 여기 있어요.	მე აქ ვარ. me ak var. 메 악 바르.
당신은 여기 있어요.	შენ აქ ხარ. shen ak khar. 쉔 악 하르.
그(그녀)는 여기 있어요.	ის აქ არის. is ak aris 이스 악 아리스.
우리는 여기 있어요.	ჩვენ აქ ვართ. cheven ak vart. 츠벤 악 바르트.
당신들은 여기 있어요.	თქვენ აქ ხართ. tkven ak khart. 트크벤 악 하르트.
그들은 여기 있어요.	ისინი აქ არიან. isini ak arian. 이시니 악 아리안.

● 인사 하기

안녕하세요.	გამარჯობა. gamarjoba. 가마르조바.
만나서 반갑습니다.	სასიამოვნოა თქვენი გაცნობა. sasiamovnoa tkveni gatsnoba. 사시아모브노아 트크베니 가츠노바.
어떻게 지내세요? (=How are you?)	როგორ ხარ? rogor khar? 로고르 하르?
저는 잘 지내요. 당신은요?	მე კარგად ვარ. შენ როგორ ხარ? me k'argad var. shen rogor khar? 메 까르가드 바르. 쉔 로고르 하르?
저도 잘 지내요.	მეც კარგად ვარ. mets k'argad var. 메츠 까르가드 바르.
좋은 아침입니다.	დილა მშვიდობისა. dila mshvidobisa. 딜라 므쉬비도비사.
좋은 오후입니다.	შუადღე მშვიდობისა. shuadghe mshvidobisa. 수아드게 므쉬비도비사.

좋은 저녁입니다.	საღამო მშვიდობისა. saghamo mshvidobisa. 사가모 므쉬비도비사.
잘 자요. (Sweet dream.)	ტკბილი ძილი. t'k'bili dzili. 뜨끄빌리 질리.
잘 잤어요?	კარგად გეძინა? k'argad gedzina? 까르가드 게지나? ("잘 잤다."는 대답은 "까르가드 메지나.")
잘 가요.	ნახვამდის. nakhvamdis. 나흐밤디스.
조심히 가세요.	კარგად იქავი. k'argad ikavi. 까르가드 이카위.
또 만나요.	დროებით. droebit. 드로에빗.
내일봐요.	ხვალამდე. khvalamde. 크바람데.

● 기본 표현

네.	კი. / ki. / 끼. → 일반적 표현 დიახ. / diakh. / 디아흐. → 공손한 표현 ხო. / ho. / 호. → '응'처럼 편한 사이에 사용
좋아요. (=Ok.)	კარგი. kargi. 까르기.
아니요.	არა. ara. 아라.
이거 (=This)	ეს es 에스
저거 (=That)	ის is 이스
이거는 뭐예요?	ეს რა არის? es ra aris? 에스 라 아리스?
이거는 OOO 입니다.	ეს არის OOO. es aris OOO. 에스 아리스 OOO.

있다.	არის. aris. 아리스.
없다.	არ არის. ar aris. 아르 아리스.
OOO 있어요?	OOO არის? OOO aris? OOO 아리스?

● 신상 말하기

당신의 이름은 어떻게 되나요?	შენ რა გქვია? shen ra gkvia? 쉔 라 그크비아?
제 이름은 니니입니다.	მე მქვია ნინი. me mkvia nini. 메 므크비아 니니.
어느 나라에서 오셨습니까?	საიდან ხარ? saidan khar? 사이단 하르?

저는 대한민국에서 왔습니다.	მე სამხრეთ კორეიდან ვარ. me samkhret k'oreidan var. 메 삼흐레트 꼬레이단 바르.
저는 조지아에서 왔습니다.	მე საქართველოდან ვარ. me sakartvelodan var. 메 사카르트벨로단 바르.
나이가 어떻게 되세요?	რამდენი წლის ხარ? ramdeni ts'lis khar? 람데니 츨리스 하르?
저는 [21]살 입니다.	მე [ოცდაერთი] წლის ვარ. me [otsdaerti] ts'lis var. 메 [오츠다에르티] 츨리스 바르.
무슨 일을 하시나요?	სად მუშაობ? sad mushaob? 사드 무샤오브?
저는 회사원입니다.	მე კომპანიის თანამშრომელი ვარ. me k'omp'aniis tanamshromeli var. 메 꼬므빠니이스 타나므슈로멜리 바르.
저는 조지아에서 일합니다.	მე ვმუშაობ საქართველოში. me vmushaob sakartveloshi. 메 브무샤오브 사카르트벨로쉬.

당신은 학생입니까?	შენ სტუდენტი ხარ? shen st'udent'i var? 쉔 스뚜덴띠 하르?
저는 학생입니다.	მე სტუდენტი ვარ. me st'udent'i var. 메 스뚜덴띠 바르.
저는 관광객입니다.	მე ტურისტი ვარ. me t'urist'i var. 메 뚜리스띠 바르.

● 감사 및 사과 표현

감사합니다.	მადლობ. madloba. 마들로바.
매우 감사합니다.	დიდი მადლობა. didi madloba. 디디 마들로바.
정말 매우 감사합니다.	ძალიან დიდი მადლობა. dzalian didi madloba. 잘리안 디디 마들로바.

천만에요.	არაფრის. arapris. 아라프리스.
죄송합니다.	ბოდიში. bodishi. 보디쉬.
실례합니다. / 죄송합니다. / 저기요~ (식당 등에서 누군가를 부를 때)	უკაცრავად. uk'atsravad. 우까츠라밧.

● 도움 요청하기 / 질문하기

도와주실 수 있나요?	შეგიძლიათ დამეხმაროთ? shegidzliat damekhmarot? 쉐기즐리아트 다메흐마롯?
뭐 좀 여쭤봐도 될까요?	შეიძლება რაღაც გკითხოთ? sheidzleba raghats gk'itkho? 쉐이즐레바 라가츠 그끼트콧?
이해했습니다.	გავიგე. gavige. 가위게.

이해 못 했습니다.	ვერ გავიგე. ver gavige. 베르 가위게.
알겠습니다.	გასაგებია. gasagebia. 가싸게비아.
잠시만요!	ერთი წუთით! / erti tsutit! / 에르티 추팃! მოიცა! / moitsa! / 모이차!
이건 무슨 뜻인가요?	ეს რას ნიშნავს? es ras nishnavs? 에스 라스 니슈나브스?
조지아어 할 줄 아세요?	ქართული იცი? kartuli itsi? 카르툴리 이치?
저는 조지아어 조금 알아요.	მე ქართული ცოტა ვიცი. me kartuli tsot'a vitsi. 메 카르툴리 초따 비치.
저는 러시아어 조금 알아요.	მე რუსული ცოტა ვიცი. me rusuli tsot'a vitsi. 메 루술리 초따 비치.

저는 영어 알아요.	მე ინგლისური ვიცი. me inglisuri vitsi. 메 잉글리수리 비치.
저는 조지아어 몰라요.	მე ქართული არ ვიცი. me kartuli ar vitsi. 메 카르툴리 아르 비치.
저는 러시아어 몰라요.	მე რუსული არ ვიცი. me rusuli ar vitsi. 메 루술리 아르 비치.

● 길 묻기

지하철역이 어디에 있나요?	სად არის მეტროს სადგური? sad aris met'ros sadguri? 사드 아리스 매뜨로스 사드구리?
직진	პირდაპირ p'irdap'ir 삐르다삐르
왼쪽으로	მარცხნივ martskhniv 마르츠흐니브

오른쪽으로	მარჯვნივ marjvniv 마르즈브니브
천천히	ნელა nela 넬라
빨리	ჩქარა chkara 츠카라
갑시다! (=Let's go!)	წავედით! ts'avedit! 차베딧!
여기서 내릴 수 있나요?	აქ გააჩერეთ? ak gaacheret? 악 가아체레트?
얼마나 걸리나요?	რამდენი ხანი სჭირდება? ramdeni khani sch'irdeba? 라므데니 하니 스찌르데바?
OO 시간 OO 분	OO საათი / OO saati / OO 사아티 OO წუთი / OO ts'uti / OO 추티

● 식당에서 음식 주문하기

배고프신가요?	შენ გშია? shen gshia? 쉔 그쉬아?
저는 배고파요.	მე მშია. me mshia. 메 므쉬아.
무엇을 원하세요?	რა გინდა? ra ginda? 라 긴다?
저는 이거 원해요.	მე ეს მინდა. me es minda. 메 에스 민다.
저는 이거 원하지 않아요.	მე ეს არ მინდა. me es ar minda. 메 에스 아르 민다.
조금 / 많이	ცოტა / ბევრი tsot'a / bevri 초따 / 베브리
뜨거운 / 차가운	ცხელი / ცივი tskheli / tsivi 츠켈리 / 치비

메뉴판 좀 주실 수 있나요?	მენიუ თუ შეიძლება? meniu tu sheidzleba? 메니우 투 셰이즐레바?
물 좀 주실 수 있나요?	წყალი თუ შეიძლება? ts'q'ali tu sheidzleba? 츠깔리 투 셰이즐레바?
하짜뿌리 좀 주실 수 있나요?	ხაჭაპური თუ შეიძლება? khachapuri tu sheidzleba? 하짜뿌리 투 셰이즐레바?
소금 조금만 쳐주실 수 있나요?	მარილი ცოტა თუ შეიძლება? marili tsot'a tu sheidzleba? 마릴리 초따 투 셰이즐레바?
고수 빼주실 수 있나요?	კინძის გარეშე თუ შეიძლება? kindzis gareshe tu sheidzleba? 킨지스 가레쉐 투 셰이즐레바?
저는 조지아 와인을 좋아해요.	მე ქართული ღვინო მიყვარს. me kartuli ghvino miq'vars. 메 카르툴리 그비노 미끄바르스.
어떤 와인이 맛있어요?	რომელი ღვინოა გემრიელი? romeli ghvinoa gemrieli? 로멜리 그비노아 게므리엘리?

이걸로 주세요.	ეს მომეცით. es mometsit. 에스 모메찟.
건배!	გაუმარჯოს! gaumarjos! 가우마르조스!
맛있게 드세요.	გემრიელად მიირთვით. gemrielad miirtvit. 게므리엘라드 미이르트븻.
맛있어요.	გემრიელა. gemriela. 게므리엘리아.
화장실은 어디에 있나요?	სად არის საპირფარეშო? sad aris sap'irparesho? 사드 아리스 사삐르파레쇼?
계산서 좀 주실 수 있나요?	ანგარიში თუ შეიძლება? angarishi tu sheidzleba? 앙가리쉬 투 셰이즐레바?
얼마예요?	რა ღირს? ra ghirs? 라 기르스?

● 감정 표현하기 / 칭찬하기

좋은	კარგი kargi 까르기
나쁜	ცუდი tsudi 추디
좋아요! / 멋져요!	კარგია! kargia! 까르기아!
훌륭한 / 멋있는	მაგარია magaria 마가리아
예뻐요! / 아름다워요!	ლამაზია! lamazia! 라마지아!
저는 행복해요.	მე ბედნიერი ვარ. me bednieri var. 메 베드니에리 바르.
저는 당신을 사랑합니다.	მე მიყვარხარ. me miq'varkhar. 메 미끄바르하르.

저는 조지아를 사랑합니다.	მე მიყვარს საქართველო. me miq'vars sakartvelo. 메 미끄바르스 사카르트벨로.
당신 예뻐요.	შენ ლამაზი ხარ. shen lamazi khar. 쉔 라마지 하르.
당신 잘생겼어요.	შენ სიმპატიური ხარ. shen simp'at'iuri khar. 쉔 심빠띠우리 하르.
당신 귀여워요.	შენ საყვარელი ხარ. shen saq'vareli khar. 쉔 사끄바렐리 하르.
당신 똑똑해요.	შენ ჭკვიანი ხარ. shen ch'k'viani khar. 쉔 쯔끄비아니 하르.
축하합니다!	გილოცავთ! gilotsavt! 길로차븟!
모든 게 잘 될 거예요.	ყველაფერი კარგად იქნება. q'velaperi k'argad ikneba. 끄벨라페리 까르가드 이크네바.

03

포기하지 마세요, 조지아어 숫자 읽기

조지아에 살면서 숫자를 말하는 게 정말 어려웠다. 1부터 30까지는 어떻게든 열심히 외우면 되었지만, 31부터는 머릿속이 막 뒤엉키기 시작했다. 왜냐하면 조지아는 20진법을 사용해 숫자를 표현하기 때문이다.

예를 들어 31을 말할 때, 조지아에서는 '20+11'과 같은 공식을 쓴다. 즉, 31은 20을 뜻하는 '오치ოცი'와 and의 뜻을 가진 '다და' 그리고 11을 뜻하는 '테르트메띠თერთმეტი'를 붙여 '오츠다테르트메띠ოცდათერთმეტი'라고 말한다.

그럼 조금 더 어려운 77을 한 번 읽어보자. 77은 '3×20+17'이라고 생각하면 된다. 3×20, 즉 60은 3을 뜻하는 '사미სამი'와 20을 뜻하는 '오치ოცი'가 합쳐져 '사모치სამოცი'라고 부른다. 그다음 60에 17을 더해야 하므로 17을 뜻하는 '츠비드메띠ჩვიდმეტი'를 붙이면 된다. 그러면 '사모츠다츠비드메띠სამოცდაჩვიდმეტი'가 된다. 익숙해지는 데에는 시간이 걸리겠지만 한번 입에 붙으면 쉬워질 것이다.

0   nuli 눌리

1   erti 에르티

2   ori 오리

3   sami 사미

4   otkhi 오트히

5   khuti 후티

6   ekvsi 에크브시

7   shvidi 쉬비디

8   rva 르바

9   tskhra 츠흐라

10   ati 아티

* 11부터 19는 각각 1부터 9라는 숫자 앞에 t를 붙이고 뒤에 meti를 붙인다고 생각하면 된다.
예를 들어 11은 1이라는 **erti** 앞에 t를 붙이고 뒤에 meti를 붙여 tertmeti가 되는 것이다.

11   tertmeti 테르트메띠

12   tormeti   토르메띠

13   tsameti 차메띠

14   totkhmeti 토트흐메띠

15   tkhutmeti 트후트메띠

16   tekvsmeti 테크브스메띠

17   chvidmeti 츠비드메띠

18   tvrameti 트브라메띠

19   tskhrameti 츠흐라메띠

* 숫자 발음을 표기할 때 원래 띄어쓰기를 하지 않지만, 여기서는 외우기 쉽도록 띄어쓰기를
사용했다.

20   otsi 오치

21   ots da erti 오츠 다 에르티

22   ots da ori 오츠 다 오리

23   ots da sami 오츠 다 사미

24   ots da otkhi 오츠 다 오트히

25   ots da khuti 오츠 다 후티

26   ots da ekvsi 오츠 다 에크브시

27   ots da shvidi 오츠 다 쉬비디

28   ots da rva 오츠 다 르바

29   ots da tskhra 오츠 다 츠흐라

30(20+10)   ots da ati 오츠 다 아티

31(20+11)   ots da tertmeti 오츠 다 테르트메띠

32(20+12)   ots da tormeti 오츠 다 토르메띠

33(20+13)   ots da tsameti 오츠 다 차메띠

34(20+14)   ots da totkhmeti 오츠 다 토트흐메띠

35(20+15)   ots da tkhutmeti 오츠 다 트후트메띠

36(20+16)   ots da tekvsmeti 오츠 다 테크브스메띠

37(20+17)   ots da chvidmeti 오츠 다 츠비드메띠

38(20+18)   ots da tvrameti 오츠 다 트브라메띠

39(20+19)   ots da tskhrameti 오츠 다 츠흐라메띠

40(2×20)   ormotsi 오르모치

47(2×20+7)   ormots da shvidi 오르모츠 다 쉬비디

50(40+10)   ormots da ati 오르모츠 다 아티

53(40+13)   ormots da tsameti 오르모츠 다 차메띠

60(3×20)   samotsi 사모치

62(3×20+2)   samots da ori 사모츠 다 오리

70(60+10)   samots da ati 사모츠 다 아티

77(60+17)   samots da chvidmeti 사모츠 다 츠비드메띠

80(4×20)   otkhmotsi 오트흐모치

83(4×20+3)   otkhots da sami 오트흐모츠 다 사미

90(80+10)   otkhmots da ati 오트흐모츠 다 아티

99(80+19)   otkhmots da tskhrameti 오트흐모츠 다 츠흐라메띠
100   asi 아시
200   orasi 오라시
250   oras ormotsdaati 오라스 오르모츠다아티
300   samasi 사마시
310   samas ati 사마스 아티
400   otkhasi 오트하시
500   khutasi 후타시
600   ekvsasi 에크브사시
700   svidasi 쉬비다시
800   rvaasi 르바아시
900   tskhraasi 츠흐라아시
999   tskhraas otkhmotsdatskhra 츠흐라아스 오트모츠다츠흐라

1,000   atasi 아타시
2,000   ori atasi 오리 아타시
10,000   ati atasi 아티 아타시

마치며

"내가 조지아를 좋아하게 될 수 있을까?"라는 질문에 대한 대답은 "잘리안 미끄바르스 사카르트벨로ძლიან მიყვარს საქართველო!, dzalian miqvars sakartvelo, I love Georgia so much!"라고 하겠다.

조지아에서 한국으로 돌아오는 비행기를 탈 때, 내가 울 줄 알았는데 울지 않았다. 머지않아 이곳에 다시 올 수 있을 거라는 확신이 들어서 그런 걸까. 상상도 못 한 곳에서 분명 조지아와의 또 다른 인연이 생길 거라는 믿음이 있어서 그런 걸까.

집으로 돌아왔을 때 모든 건 그대로였다. 일 년 동안 자리를 비웠지만 우리 집 강아지는 잠깐 나갔다 올 때 반겨주는 딱 그만큼만 나를 반겨줬다. 멍한 기분으로 한숨 자고 일어나니 좋아하는 책을 끝내기 싫어서 천천히 읽다가 결국 다 읽고 마지막 장을 덮은 그런 느낌이 들었다.

가끔은 내가 조지아에 다녀온 것이 진짜 일어난 일이 맞는지 헷갈릴 때가 있다. 그러면 핸드폰의 사진첩을 열어서 그때의 평범한 하루를 복기한다. 아침에 길을 나설 때 바라본 뭉게구름이 가득한 파란 하늘, 매일같이 먹어도 신기했던 아짜룰리 하짜뿌리, 퇴근 후 휴식처가 되어줬던 바자프샤벨라 공원, 주말마다 돌아다닌 흔적들, 그리고 너무나 고마운 조지아 친구들이 모두 사진첩에 남아있다.

처음 조지아에 왔을 때처럼 나는 다시 폴란드 바르샤바로 향하는 비행기를 탔다. 나에게는 울고 웃던 일 년이었는데 출국 수속은 10분도 안 걸려 끝났다. 이제야 조지아 글자들을 잘 읽을 수 있게 되었는데, 고수 맛도 익숙해지려고 했는데, 누구와도 친구가 될 수 있게 되었는데, 이제야 조지아를 제대로 사랑하려고 했는데….

어쩌면 이름조차 처음 들어본 나라 조지아. 이 세상에 조지아라는 나라를 전혀 모르고 살아가는 사람이 더 많겠지만, 그래도 나는 인생에 꼭 한 번쯤은 그곳에 가보라고 말해주고 싶다. 항아리로 담근 묵직한 조지아 와인을 마셔보라고, 꼬불꼬불한 글자들을 배우는 게 정말 재밌다고, 엘리베이터에 동전을 넣고 타보라고, 마르슈뜨까를 타고 트빌리시 이곳저곳을 누벼보라고, 스떼판츠민다의 절경을 감상해보라고, 그리고 그들과 친구가 되어보라고 꼭 이야기해주고 싶다.

나는 여운이 긴 사람인가 보다. 오랜 시간 조지아 생각에 마음이 휘청휘청거렸다. 다시 만나게 될 조지아는 어떤 모습일까? 모든 것이 그대로일까?

머지않아 이 책을 들고 다시 조지아 친구들을 만나러 갈 수 있기를, 익숙한 그 거리를 다시 걸을 수 있기를, 그리고 더 많은 이들이 조지아와의 인연을 맺을 수 있기를 바란다.

참고문헌

"고대 조지아의 전통 크베브리 와인 양조법." 유네스코와 유산 UNESCO & HERITAGE. n.d. 수정, 2023년 3월 21일 접속.
https://heritage.unesco.or.kr/%ea%b3%a0%eb%8c%80-%ec%a1%b0%ec%a7%80%ec%95%84%ec%9d%98-%ec%a0%84%ed%86%b5-%ed%81%ac%eb%b2%a0%eb%b8%8c%eb%a6%ac-%ec%99%80%ec%9d%b8-%ec%96%91%ec%a1%b0%eb%b2%95/

"Historical Monuments of Mtskheta." UNESCO World Heritage Centre. n.d. 수정, 2023년 3월 21일 접속.
https://whc.unesco.org/en/list/708/

"Armenian language." Britannica. n.d. 수정, 2023년 3월 21일 접속.
https://www.britannica.com/topic/Armenian-language

"두둑과 그 음악." 유네스코와 유산 UNESCO & HERITAGE. n.d. 수정, 2023년 3월 21일 접속.
https://heritage.unesco.or.kr/%eb%91%90%eb%91%91%ea%b3%bc-%ea%b7%b8-%ec%9d%8c%ec%95%85/

니니의 잊지 못할 순간

사람 사는 냄새가
물씬 풍기는 트빌리시
골목.

주렁주렁 매달린 추르츠켈라.

영화같기도 하고
오묘했던 트빌리시
거리 풍경.

➡ 아침에 출근하기
싫어서 앉아있었던
고요한 벤치.

⬅ 정신없는 하루를 보내고
조지아 친구와 함께 마신
화이트 와인.

➡ 동네 버스 정류장.
조지아어가 너무
신기하다.